Adagia

Desiderius Erasmus Roterodamus

격언집

1판 1쇄 발행 2014년 11월 7일
1판 2쇄 발행 2018년 3월 23일

지은이 | 에라스무스
옮긴이 | 김남우
발행인 | 신현부

발행처 | 부북스
주소 | 04601 서울시 중구 동호로17길 256-15 (신당동)
전화 | 02-2235-6041
팩스 | 02-2253-6042
이메일 | boobooks@naver.com

ISBN 978-89-93785-70-8 (04190)

이 도서의 국립중앙도서관 출판예정도서목록(CIP)은 서지정보유통지원시스템 홈페이지(http://seoji.nl.go.kr)와 국가자료공동목록시스템(http://www.nl.go.kr/kolisnet)에서 이용하실 수 있습니다.(CIP제어번호: CIP2014030491)

부클래식

055

격언집

에라스무스

김남우 옮김

부북스

일러두기

1. 번역은 *Adagia* (Frankfurt, 1670)를 대본으로 삼고 *Adagia* (Ausw. Übers. u Anm. von Anton J. Gail, Stuttgart:Reclam, 1983), *The Adages of Erasmus* (selected by W.Baker, University of Toronto Press, 2001)와 *Werke von Rotterdam Erasmus* (hrsg. W. Welzig, Darmstadt, 1980) 가운데 *Adagiorum Chiliades*(Bd 7)을 참고하였다.
2. 본문 하단의 각주는 앞서 언급한 책들에서 찾아 옮긴 것이다.
3. 《격언집》에 인용된 짧은 구절은 대개 천병희 선생의 번역을 참고하였다.
4. 고유명사는 *Kleines Lexion der Antike* (Otto Hiltbrunner, Tübringe/Basel, 1995)와 *Oxford Greek Lexicon*을 참조하여 적었다. 책 제목이나 작품 제목은 *Lexikon der antiken Literatur* (Rainer Nickel, Düsseldorf/Zurich, 1999)을 참조하여 적었다.
5. 이 책은 앞서 출간되었던 《에라스무스 격언집》(아모르문디, 2009)에서 김태권 화백의 삽화를 빼고 격언 몇 개 추가하여 다시 펴낸 것이다.
6. 경우에 따라 국립국어원 맞춤법 규정을 따르지 않은 단어가 있다.

차례

옮긴이의 말

I.

에라스무스의 묘비에는 다음과 같은 글이 적혀있다고 한다. "나는 무엇과도 타협하지 않는다 *CONCEDO NULLI*." 1509년 이탈리아를 여행하던 에라스무스에게 그의 학생 알렉산더 스튜어트(Alexander Stuart)가 젊은 신이 새겨진 반지를 선물하였다. 골동품상은 이 젊은 신이 테르미누스 Terminus라고 알려 주었고, 에라스무스는 "concedo nulli"라는 말을 덧붙여 자신의 문장으로 삼았다. 1528년 이 문장 때문에 에라스무스는 구설에 휘말렸고, 이에 관하여 해명하는 편지(Epistola apologetica de termini sui inscriptione concedo nulli)를 작성한다. 에라스무스의 변명에 따르면 "나는 무엇과도 타협하지 않는다"는 말은 자신의 말이 아니라, 테르미누스 신의 말이라는 것이다. 이 말은 남들이 비방하듯 오만한 태도와는 무관하며, 이 말에서 늘 죽음을 염두에 두라는 경계의 뜻을 찾는다고 에라스무스는 변명하였다. 즉 죽음은 누구도 피할 수 없고, 죽음의 신은 절대 양보하지 않기 때문이다.

고대 로마의 신 테르미누스와 "나는 무엇과도 타협하지 않는다"라는 말이 얽힌 사연은 다음과 같다. 도시의 경계선을 상징하는 테르미누스 신은 카피톨리노 언덕에 모셔져 있었는데, 유피테르 신이 도입되면서 사람들이 그 자리에 유피테르의 신전을 건립하고자 하였다. 이를 위해 테르미누스 신을 옮겨놓아야 했으나, 테르미누스 신은 이를 허락하지 않았다고 한다. 사람들은 할 수 없이 테르미누스 신을 그대로 놓아둔 채, 그의 주위를 둘러 유피테르의 신전을 건립하였다고 한다. 이런 신화는 겔리우스가 지은 《아티카의 밤》에 수수께끼 형태로 전해진다. 물음은 아마도 '그는 누구일까?' 정도일 것이며, 그 답은 당연히 '테르미누스 Ter-minus'이다. 장난스러운 어원 분석대로라면 테르미누스는 '세 번 ter-'의 '미누스'이다.

그가 한 번 미누스인지 아님 두 번 미누스인지 나는 모르오.
혹은 둘 다일지도. 내 전에 들은 대로 말하거니와
그는 신들의 왕 제우스에게조차 양보하려 않았다지요.
semel minusne an bis minus sit nescio,
an utrumque eorum; ut quondam audiui dicier,
Ioui ipsi regi noluit concedere.

(Gellius, 《아티카의 밤》 제12권 6장)

에라스무스가 1509년 이후 "*CONCEDO NULLI*"를 자신의 문장으로 삼은 뜻이 과연 1528년의 변명대로인지 우리는 의심하지 않을 수 없지만(Edgar Wind, aenigma termini, Oxford, 1983), 젊은 에라스무스의 패기를 상징한다고 보는 편이 좋을 듯싶다. 그가 평생을 바친 작품들이 이를 증명하고 있기 때문이다.

Ⅱ.

인문주의자 에라스무스는 시대의 '야만'을 몰아내고, 진정 인간적인 것을 위해 평생을 바쳤다. "나는 무엇과도 타협하지 않는다"라는 말은 에라스무스가 투쟁으로 이룩한 세계의 들머리이다. 따라서 그의 삶은 전통과의 치열한 투쟁일 수밖에 없었다. 한쪽에서 에라스무스는 열광의 대상이었었고, 다른 한편에서는 보수와 야만의 발에 걸리는 돌부리였다. 야만과의 결투에 임하는 인문주의자 에라스무스의 손에는 베르길리우스의 창과 호라티우스의 방패가 들려있었다.

에라스무스는 평생을 바친 고전 강독의 결실을 《격언집》에 고스란히 담아놓았다. 보기에는 단순히 격언을 모아놓은 선집이지만, 《격언집》의 모태가 에라스무스의 초기 저작 《야만에 대항함 Antibarbari》이라는 사실은 이 격언집의 성격을 되돌아보게 한다. 즉 《격언집》은 독자로 하여금 자신과 자신이 속한 세계를 돌아보게 하여, 자기 안팎에 자리 잡은 야만을 잘라버리고 거기에 인문주의의 토대를 놓으려는 의도가 담겨있었다.

《격언집》은 《격언 모음집 Collectanea Adagiorum》이라는 다른 이름을 갖고 있다. 이 책이 1500년 파리에서 최초로 출판된 이후,

유럽에서 선풍적인 인기를 얻어 저자의 이름이 널리 알려졌다. 이후 에라스무스는 평생에 걸쳐 여러 번의 개정 증보를 하였고, 이 책은 유럽 최고의 격언 모음집이 된다. 1508년 베네치아에서 출판된 판본은 상당히 증보된 형태였고, 격언과 속담에 담긴 고대인들의 정신을 읽어낸다는 《격언집》의 성격을 확연히 드러내고 있다. 1515년 바젤에서 제3판이 출간된 이후 지속해서 판을 거듭하면서 증보되었다. 1536년 출간된 판본부터는 저자의 사망으로 더 이상의 증보는 없었다. 1558년 편집자 스테파누스는 주석을 붙여 제네바에서 출판하였다. 1703년 레이던 Leiden에서 에라스무스 전집이 출간되었으며, 《격언집》의 여러 판본을 정리하여 편집하였다.

Ⅲ.

에라스무스에 관해서는 하위징아의 《에라스무스 평전》을 읽어보기를 독자에게 권하고 싶다. 아직 우리말 번역은 없지만, 영어 번역이나 독일어 번역은 어렵지 않게 구할 수 있다. 《안티쿠스 Antiquus》의 누리집에 독일어판 하위징아의 《에라스무스 평전》을 읽으며 토막글을 올린 적이 있었다. 아래의 내용은 몇 가지 다른 정보출처를 참조하여 그것들을 정리한 것이다.

에라스무스는 로테르담(Rotterdam)에서 1469년 10월 27일에 태어나, 바젤에서 1536년 7월 12일 세상을 떠났다. 에라스무스의 아버지는 수도사였으며, 의사의 딸인 어머니와 지속적인 사랑을 유지하며, 형제를 두었다. 에라스무스와 그보다 세 살이나 많은 형은 그렇게 태어났다.

에라스무스는 세례명이다. '로테르담에서 태어난' 이란 뜻의 Rotterdammensis라는 말을 Roterdamus라고 세련되게 고쳤다가, 나중에는 희랍어식으로 Roterodamus로 다시 한번 개명하며 이름에 붙였다. Desiderius는 그 자신이 직접 붙인 이름으로 1496년 이후 처음 사용되었다. 에라스무스의 정식 이름은 Desiderius Erasmus Roterodamus이다. 에라스무스는 《격언집》의 제2판을 출간할 때, 즉 1506년 파리에서 처음으로 이 완성된 이름을 사용하였다.

유럽을 휩쓴 역병으로 부모가 죽자 형제는 수도원으로 보내졌다. 수도회 생활에서 에라스무스는 배고픈 정신을 위한 충분한 양식과 이것을 같이 나눌 친구들을 얻었다. 그는 베르길리우스 Verglius, 호라티우스 Horatius, 오비디우스 Ovidius, 유베날리스 Iuvenalis, 스타시우스 Statius, 마르티알리스 Martialis, 클라우디아누스 Claudianus, 페르시우스 Persius, 루카누스 Lucanus, 티블루스 Tibullus, 프로페르티우스 Propertius의 시와 키케로 Cicero, 퀸틸리아누스 Quintilianus, 테렌티우스 Terentius 등의 글을 읽었다. 또 이탈리아의 인문주의자 로렌조 발라 Lorenzo Valla 등의 글을 접하였다.

1492년 수도사가 되었으며, 1495년부터 1499년까지 파리에서 공부하였고, 1506년부터 1509년까지 이탈리아에서 머물면서 영국을 방문하기도 하였다.

에라스무스는 수도사이자 문헌학자이며 편집자였으며 고전어 문법과 고전 문학의 대가였다. 1516년 그는 희랍어《신약성경》의 비평판을 최초로 출간하였으며, 여기에 라티움 어 번역본과 주석을 덧붙였다. 이 비평판은 권위를 인정받아 여러 번의 개정판이 이어졌다. 고전 희랍어에 대한 그의 연구 성과는 근대 고전 문헌학의 토대가 되었다. 에라스무스는 고전 문학의 빛으로, 무지에 근거하여 전통을 고수하려는 보수주의자들을 공격하였으며, 야만과 어둠의 중세를 밝히려 투쟁하였다. 1503년 에라스무스는《기독교 병사의 수첩》과 1511년에는《우신예찬》을 발간하여 가톨릭 교회 전통과 세상의 어리석음을 비판하였다. 1516년에 쓴《기독교 군주의 교육》에서는 정의로운 통치자의 모습을 고전 교육의 토대 위에 수립하였다.

Adagia 격언집

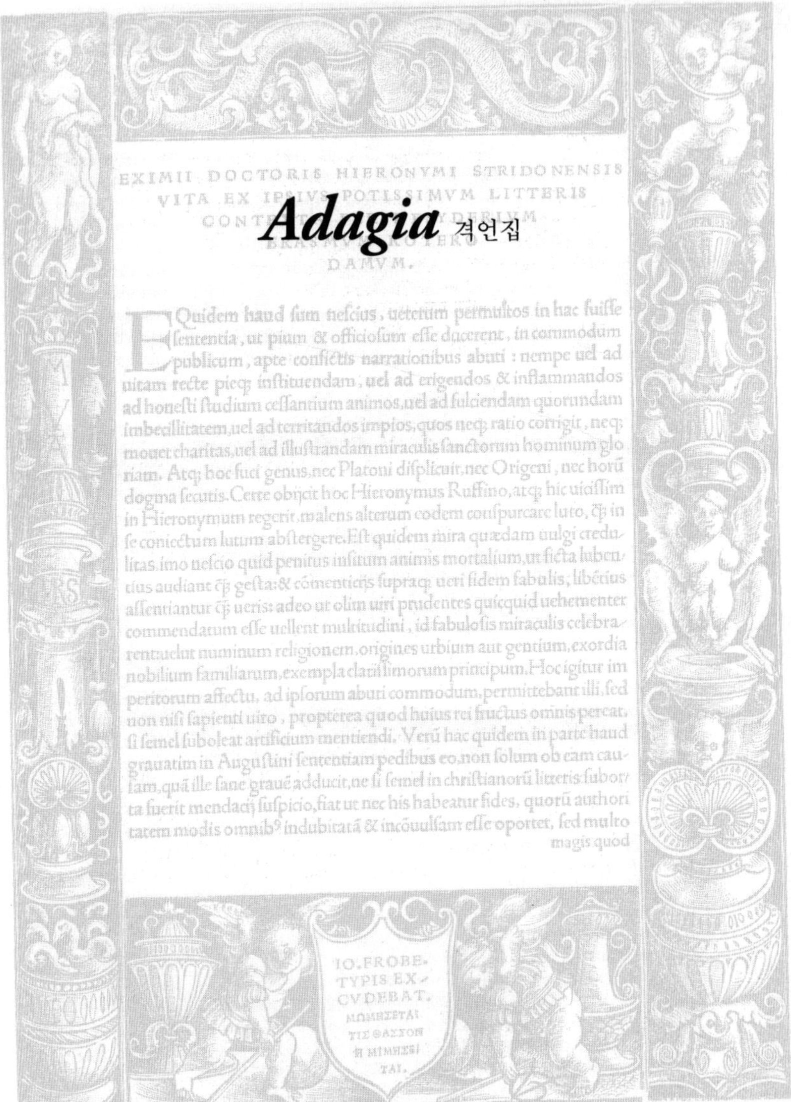
EXIMII DOCTORIS HIERONYMI STRIDONENSIS
VITA EX IPSIVS POTISSIMVM LITTERIS
CONT
DAMVM.

EQuidem haud ſum neſcius, ueterum permultos in hac fuiſſe ſententia, ut pium & officioſum eſſe ducerent, in commodum publicum, apte confictis narrationibus abuti: nempe uel ad uitam recte pieq; inſtituendam, uel ad erigendos & inflammandos ad honeſti ſtudium ceſſantium animos, uel ad fulciendam quorundam imbecillitatem, uel ad territandos impios, quos neq; ratio corrigit, neq; mouet charitas, uel ad illuſtrandam miraculis ſanctorum hominum gloriam. Atq; hoc fuci genus, nec Platoni diſplicuit, nec Origeni, nec horũ dogma ſecutis. Certe obijcit hoc Hieronymus Ruffino, atq; hic uiciſſim in Hieronymum regerit, malens alterum eodem conſpurcare luto, q̃ in ſe coniectum lutum abſtergere. Eſt quidem mira quædam uulgi credulitas, imo neſcio quid penitus inſitum animis mortalium, ut ficta libentius audiant q̃ geſta: & comenticijs ſupraq; ueri fidem fabulis, libẽtius aſſentiantur q̃ ueris: adeo ut olim uiri prudentes quicquid uehementer commendatum eſſe uellent multitudini, id fabuloſis miraculis celebrarent, uelut numinum religionem, origines urbium aut gentium, exordia nobilium familiarum, exempla clariſſimorum principum. Hoc igitur imperitorum affectu, ad ipſorum abuti commodum, permittebant illi, ſed non niſi ſapienti uiro, propterea quod huius rei fructus omnis pereat, ſi ſemel ſuboleat artificium mentiendi. Verũ hac quidem in parte haud grauatim in Auguſtini ſententiam pedibus eo, non ſolum ob eam cauſam, quã ille ſane grauẽ adducit, ne ſi ſemel in chriſtianorũ litteris ſuborta fuerit mendacij ſuſpicio, fiat ut nec his habeatur fides, quorũ authoritatem modis omnib⁹ indubitatã & incõuulſam eſſe oportet, ſed multo magis quod

❖ Adagia I i 1
Amicorum communia omnia

친구들은 모든 것을 공유한다

이 격언만큼 유명하고 환영받는 말도 없을 것이다. 이런 이유에서 나는 이 격언을 격언집의 머리로 삼았으니, 이 격언이 상서로운 징조가 되었으면 한다. 세상 사람들이 이 격언을 사용하는 만큼이나 진실한 마음으로 이 격언을 가슴에 품고 산다면, 우리의 삶은 실로 고통 속에서 일부나마 고통을 덜 수 있을지도 모른다.

이 격언을 사용하여 소크라테스는 다음과 같은 생각을 이끌어 냈다. 선한 인간은 마치 신들이 그러하듯이 모든 것을 소유한다.[01] 소크라테스의 추론을 따르면, 신들은 모든 것을 소유한다. 선한 인간은 신들의 친구이다. 친구들은 모든 것을 공유한다. 따라서 선한 인간은 모든 것을 소유한다. 이 격언은 에우리피데스의 《오레스테스》에도 등장한다.[02]

01 디오게네스 라에르티오스, 《철학자들의 생애와 그들의 주장》 6,72. 이하 이름만 언급함.

02 에우리피데스, 《오레스테스》 735.

왜냐하면, 친구들의 물건은 공동재산이니까.

그리고 《포이니키아의 여인들》에서[03]

친구들은 고통을 또한 서로 나눈다.

그리고 《안드로마케》에서[04]

왜냐하면, 친구 사이에 무엇을 숨기겠는가? 그들이 진실로 친구라면 모든 재산도 공유하거늘.

테렌티우스는 《형제들》에서 말한다. "옛말에 이르기를 친구들 사이에서는 모든 것이 공유재산이다."[05] 메난드로스도 동일한 제목의 희극에서 이 말을 사용하였다고 전한다. 키케로는 《의무론》 제1권에서 말한다. "희랍 속담에 이르기를 친구의 재산은 공유재산이다."[06] 아리스토텔레스의 《윤리학》 제8권과 플라톤의 《법률》 제5권에서 인용된 것이다. 여기서 플라톤은, 국가의 행복과 번영에 기초가 되는 것은 재산의 공유라는 것을 증명하고자 하였다. "가장 완벽한 정치제도와 가장 훌륭한 법률을 가진 최선

03 에우리피데스, 《포이니키아의 여인들》 243.

04 에우리피데스, 《안드로마케》 376 이하.

05 테렌티우스, 《형제들》 803 이하.

06 키케로, 《의무론》 I, 16, 51.

의 국가에서는, 친구들 사이에서 재산은 진실로 서로 공동의 것이라는 옛말이 실제로 구현된다." 플라톤은 또한, 나의 것과 너의 것이라는 단어를 들을 수 없는 공동체에서는 실로 행복과 만족이 지배하게 될 것이라고 말한다. 기독교인들이 플라톤적 공산국가를 지지하지 않는다는 사실, 플라톤의 공산주의를 신랄하게 비판한다는 사실이 나로서는 놀라울 뿐이다. 이교도의 철학자들 가운데 플라톤만큼 예수 그리스도의 정신에 부합하는 사상가가 또 있을까? 아리스토텔레스는 《정치학》 제2권에서 플라톤의 이런 주장을 다소 순화하여 개인들의 사적 소유를 인정하고 있다. 즉 윤리적 의무와 시민적 도덕을 완수하는 것은 여하간에 사유재산을—속담에 이르기를—공동체의 재산으로 만들 것이라 주장한다.

마르티알리스는 그의 책 제2권에서 칸디두스라는 사람을 조롱하고 있는데, 이 자는 늘 이 격언을 입에 달고 다니면서도 정작 친구들에게 자신의 재물을 실지로 내어준 적이 없었다고 한다.[07]

> 친구 사이 내남 둘 것 없다. 칸디두스여, 전부 네 것이라.
> 당신은 늘 밤으로 낮으로 이를 강조하는구나.

마르티알리스는 이 격언시를 다음과 같이 마무리하고 있다.

---

07 마르티알리스, 《격언시》 2, 43.

무엇도 주지 않고, 칸디두스여, 공유라 하는구나.

플루타르코스가 전하기를, 테오프라스토스는 그의 작은 책 《형제애에 관하여》에서 우아하게 말하고 있다. "친구들이 모든 것을 공유할 경우, 무엇보다 서로의 친구를 공유해야 한다." 키케로는 그의 책 《법률》 제1권에서 이 격언이 피타고라스에게서 유래한다고 적고 있다. "그러므로 피타고라스의 말마따나, 친구들의 재산은 공동의 재산이며, 우정이란 동일성이다."[08] 디오게네스 라에르티오스가 전하기를, 티마이오스 또한 이 격언도 본래 피타고라스에서 유래한다고 주장하였다. 아울루스 겔리우스는 그의 책 《아티카의 밤》 제1권 제9장에서 말하였다. "피타고라스는 이 격언을 만들어냈을 뿐만 아니라 실제 그러한 생활/재산 공동체를 이끌었다." 예수 그리스도는 이런 공동체가 기독교인들 사이에서 마련되기를 바라셨기에, 예수의 제자가 된 사람은 누구나 자신의 재산을 공동체에 내놓았다. 공동체의 삶(Coenobium)이라는 말의 진정한 의미는 생활/재산 공동체를 의미한다.

08 키케로, 《법률》 I, 33.

❖ Adagia I i 4
Adonis horti

아도니스의 정원

'아도니스의 정원'이라는 말은 이렇다 할 뚜렷한 쓸모 없이, 그저 잠깐인 즐거움에 아부하는 물건을 가리킨다. 파우사니아스는 대중이 아도니스의 정원에 얼마나 쉽게 매료되는지를 적어 놓았다. "아도니스의 정원이란 말은 하찮고 사소한 것에 매달리는 사람을 지시한다."[09] 가수들, 소피스트들, 떠버리 시인들, 허풍선이들, 이들은 타고나길 쓸모없는 쾌락에 기꺼워한다.

아도니스의 정원은 베누스 여신에게 바쳐졌다. 베누스 여신은 눈부시게 아름다운 아도니스라는 사내에게 반하여 한창 젊은 그를 납치하여 꽃으로 바꾸어 놓았다. 플라톤은 이 이야기를 그의 대화편《파이드로스》[10]에서 언급하고 있다.

종자를 잘 관리하였다가 열매 맺기를 바라는 현명한 농부가 과

09 파우사니아스,《단편》1, 27.

10 플라톤,《파이드로스》276b.

연 한여름에 이를 아도니스의 정원에 뿌려 7일 만에 아름답게 꽃 피어오르기를 즐기겠는가? 혹은 현명한 농부가 과연 이를 하였다면, 고작 오락이나 놀이 삼아 행하였겠는가?

플루타르코스는《신의 처벌이 지연되는 이유에 관하여》에서 다음과 같이 말하고 있다.[11]

참으로 신은 세심하여 작은 일들까지 염려하신다. 우리가 비록 신적인 것을 갖지 못하여도, 우리가 신을 닮은 점을 전혀 갖지 못하여도, 우리가 영생하여 영원한 것을 갖지 못하여도, 호메로스가 말하는 것처럼 마치 나뭇잎과 같이 시들어 곧 죽어버릴지라도 신은 그러한 우리를 돌보신다. 여인들이 흙으로 빚은 화분에서 그저 며칠 꽃피고 말 아도니스의 정원을 가꾸고 돌보는 것처럼 신은 우리에게 온갖 정성을 다하신다. 우리 죽을 운명의 영혼은 가녀린 육신에 뿌리내려 결코 생명의 뿌리를 튼튼히 내리지 못하며 예측하지 못하는 이유에서 쉽게 사라져 가지만.

테오크리토스는 그의 책《소품집》제15시(詩)에서 노래한다. "곧 없어져 갈 꽃밭이여, 빛나는 은빛 화분에 담겨 있구나." 때로는 "아도니스의 정원보다 쓸모라고는 찾아볼 수 없는"이라는 말도 쓰여있다.

11 플루타르코스,《윤리》560b-c.

아도니스의 정원이라는 은유와 비슷한 것이 있다. 필로스트라토스에 따르면[12] 이사이오스는 젊은 날의 쾌락을 가리켜, '탄탈로스의 정원'이라는 은유를 사용하였다. 왜냐하면, 이런 쾌락은 그림자나 꿈과 같아 결코 사람들의 영혼을 만족하게 할 수 없으며 다만 혼란스럽게 만들기 때문이다. 폴룩스 또한 소피스트였던 아테노도로스의 문체를 '탄탈로스의 정원'이라 불렀다. 그의 문체는 유연하고 활기가 있어 그 안에 무언가 의미심장한 것이 담겨 있는 듯 보이지만 사실 아무짝에 쓸모없는 말만 가득하였기 때문이다.

12 필로스트라토스, 《소피스트들의 생애》 513, 594-5.

❖ Adagia I i 31
Malo accepto stultus sapit

고통을 겪으면 바보도 현명해진다

헤시오도스는 약간 표현을 달리하여 같은 생각을 표현하였다. 그의 책《일들과 날들》을 보면 "정의롭지 못한 일을 한 사람은 언젠가 그에 합당한 벌을 받을 것이다. 다만 그가 겪을 고통에서 그는 자신의 어리석음을 배우리라"[13]고 하였다. 호메로스도 그의 책《일리아스》제23권에서 비슷한 격언을 염두에 두고 말하고 있는 듯 보인다. "그리하여 네가 그 값을 치를 때에 진실을 알게 될 것이다."[14] 플라톤은 그의 책《향연》에서 말한다.

> 아가톤이여, 나는 당신에게 이것을 말하고 있네. 당신은 이 사람에게 속지 말게. 우리에게 생겼던 일을 통해 배워야지, 당신은 저 유명한 격언의 어리석은 사람처럼 고통을 겪고 난 후에야

13 헤시오도스,《일들과 날들》, 217-18.

14 호메로스,《일리아스》23.487.

교훈을 배우지 말게.[15]

플라우투스의《상인》이라는 작품에 등장하는 말도 이와 일맥상통하다. "다른 사람들이 겪은 고생으로부터 지혜를 얻는 자는 행복하다." 흡사 티불루스도 그의《사랑의 엘레기》 제3권에서 다음과 같이 말한다. "다른 사람의 근심에서 근심을 피하는 법을 배운 사람은 그가 누구이든 얼마나 행복한가!" 이 소리는 뒤늦게야 현명해지는 사람들의 한탄과도 같다. "이제야 나는 사랑이 무언지 알았다", "이제야 나는 그녀가 얼마나 고약하고 나는 얼마나 어리석은지 깨달았다", "이렇게 어리석을 수가 있던가? 나는 이제 겨우 그것을 눈치챘다."

이 격언은 아주 오래된 이야기에서 유래한 듯하다. 헤시오도스가 전하는 바로는 프로메테우스와 에피메테우스라는 형제도 이 격언의 교훈과 크게 다르지 않다.[16] 프로메테우스가 하늘의 불을 훔쳐 인간들에게 건네준 것에 단단히 화가 난 유피테르는 그를 속여 벌주기 위해 불카누스에게 가능한 온갖 재주를 부려 진흙으로 여인을 만들도록 명령하였다. 여인이 완성되자 이번에는 모든 신과 여신들에게 요구하며 말하되 그녀에게 하나씩 선물을 주도록 하였다. 이런 이유에서 이 여인에게 붙여질 이름이

15 플라톤,《향연》222b.

16 헤시오도스,《일들과 날들》47-105.

'판도라'로 채택되었다. 미모와 재주와 지혜와 말솜씨를 모두 갖춘 훌륭한 모습이 완성되자 유피테르는 보기에 아름다우나 그 속에는 온갖 재앙을 감추고 있는 상자를 들려 그 여인을 프로메테우스에게 보냈다. 프로메테우스는 이 선물을 거절하였다. 그리고 프로메테우스는 경계하는 마음에서 동생에게 자신이 없을 때 무슨 선물이 오든지 간에 절대 받아서는 안 된다고 말하였다. 판도라가 다시 왔고 그녀는 에피메테우스를 설득하였고 선물을 건넸다. 에피메테우스가 상자를 열자마자 질병들이 빠져나왔다. 유피테르의 '선물은 선물이 아니었다.' 에피메테우스가 이를 깨달았으나 이미 늦었다. 헤시오도스가 말하길 "그는 상자를 받아 들고 근심에 타격을 입고서 그제야 깨달았다"라고 하였을 때 분명 헤시오도스는 우리의 격언을 상기하고 있었다.[17]

헤시오도스는 《신들의 계보》에서도 같은 이야기를 전한다. 그 여인이 프로메테우스에게 자식을 낳아 주었다. 프로메테우스는 그의 아들을 '현자'라고 불렀다. 그리고 실수를 통해 현명해진 에피메테우스에게도 자식을 낳아 주었다. 핀다로스는 《퓌티아 찬가》에서 에피메테우스를 '늦깎이 현자'[18]라고 불렀다. 그들의 이름이 그들의 성격을 나타낸다. 희랍어로 프로메테우스는 행동하기 전에 숙고한다는 의미이며 에피메테우스는 일단 행동이 앞서

17 헤시오도스, 《일들과 날들》 89; 《신들의 계보》 510-11.

18 핀다로스, 《퓌티아 찬가》 5, 28.

며 나중에서야 사리판단이 이루어진다는 의미이다. 프로메테우스처럼 행동한다, 즉 희랍어 prometheuesthai라는 단어는 불운이 닥쳐올 때 숙고를 통해 대처한다는 의미이다. 루키아노스는 그의 대화편 가운데 하나에서 어떤 희극작가의 말을 인용한다. 어떤 이가 클레온이라는 자를 비난하여 말하길, 그는 모든 일이 다 끝나고 나서야 비로소 현명해진다고 말한다. "클레온은 파장한 후의 프로메테우스이다." 루키아노스는 같은 대화편에서 고쳐 말하길 "상황 종료 후에 의논하는 것은 프로메테우스가 아니라 에피메테우스나 하는 짓이다."

이 격언은 다음과 같은 형태로도 쓰인다. "험한 꼴을 눈으로 보고서야 똑똑해진다(Para ta deina phronimoteros)." 또는 "겪은 것으로부터 배운다(Ex hon epathon emathon)." 이 희랍어를 다시 옮기면 "상처 입은 것 곧, 배운 것이다." 그러나 무엇보다 다른 사람이 겪은 좋은 못한 일로부터 지혜를 배우는 사람이 사려 깊은 사람이라고 할 수 있다. 희랍 격언에 "나는 다른 이의 악운을 보고 교훈을 얻는다"고 하였다. 그리고 내 주변의 사람들이 쓰는 격언에 따르면 "인간이 더욱 똑똑해지는 것은 창피와 손실을 봄으로부터이다."

❖ Adagia I i 44
Annus producit, non ager

밭이 아니라 한 해가 일한다

농사는 밭 ager이 아니라 한 해 annus에 달렸다. 이 격언을 테오프라스토스 Theophrastos도 언급한 적 있다.

> 작물을 먹이고 키워내는 일에는 무엇보다 일기가 중요하고 더 나아가 한 해의 순조로운 날씨가 덕을 베풀어야 한다. 즉 비가 적당하고 햇볕이 좋고 겨울이 온화하게 지나간다면 아무리 거친 소금밭일망정 그 수확은 차고도 넘칠 것이다. 이를 두고 '밭이 아니라 한 해가 일한다'라고 전해오는 격언이 생겨났다. 하지만 땅이 어떤가도 적잖이 중요하다.

테오프라스토스는 왜 밀이 추운 지역이나 더운 지역에서도 잘 자라는지를 설명하고자 할 때 다시 이 격언을 끌어낸다. 토질이 다산에 어느 정도 기여하는 것은 사실이나 그보다는 기후, 기온과 바람의 성질, 또는 바람을 받는 밭의 배치가 다산을 결정한다고 적어 놓았다.

이 격언의 쓰임새를 좀 더 확장해 본다면 다음과 같은 의미로도 쓰일 수 있지 않을까 싶다. 아이들이 선한 덕을 갖출 수 있도록 만드는 데 있어 아이들이 누구의 자식인지는 중요하지 않으며 다만 교육이 더욱 결정적 역할을 한다. 혈통의 문제는 하찮다 하겠으며 어떻게 가르치느냐, 어떤 환경에서 가르치느냐가 모든 것을 좌우한다. 즉 기후가 대지의 소생을 크게 자라도록 키우는 것과 같은 이치이다.

이를 에우리피데스의 비극《헤쿠바》에서도 확인할 수 있다. 에우리피데스는 헤쿠바로 하여금 다음과 같이 말하도록 하였다.

> 허튼 땅도 날씨가 좋으면 결실을 본다는 사실은 그리 놀랄 만큼 새로운 것도 아니다. 걸은 땅이라도 거기에 있어야 할 것이 순조롭게 공급되지 않는다면 풍요를 가져오지 않는다. 그러나 인간은 이와 달라 사악한 인간은 그저 사악하기만 할 뿐 달리 어찌할 수가 없고, 선한 인간은 그저 늘 선하다. 무슨 이야긴고 하면 불운이 닥쳐올지라도 사람의 품성은 타락하지 않으니 선한 인간은 그럼에도 늘 선하게 행동한다는 것이다. 이런즉 도대체 어찌 누구의 씨인지가 뭐 그리 대수인가? 어떻게 키우고 가르쳤는지를 우선 살펴야 한다. 바르게 교육받은 이는 대개 품위를 잃지 않도록 행동하는 법이다.

헤쿠바는 교육을 출신보다 중요시하였다. 한편 그녀는 여기서 (교육을 통해 한번 자리 잡은) 인간의 품성은 쉽게 달라지지 않는다는 점에서, 밭의 비유가 한번 자리 잡은 품성과는 정확히 맞아 떨어지지 않는다고 보았다.

뤼쿠르고스는 교육이 출신보다 얼마나 몇 곱절 중요한지를 설명하기 위해 청중들 앞에 두 마리 개를 끌어내었다. 한 마리는 그 어미 개가 누구인지 알 수 없는 그저 평범한 개이나, 훈련을 잘 받아 야생적 본성을 깨끗이 씻어 냈고, 다른 한 마리는 이름난 혈통을 지녔음에도 불구하고 훈련받지 못하여 추할 정도로 야생적 본성이 붙어 있어 여기저기 먹을 것이 없나 냄새 맡고 돌아다녔다고 한다.

❖ Adagia I i 96
Gygis anulus

귀게스의 반지

이 말은 변덕스러운 성격의 사람이나, 자신이 원하는 모든 것을, 마치 마법의 바람이 가져다주는 듯, 단지 소원하는 것만으로 얻는 사람을 가리킨다. 루키아노스는 그의 책 《소망들》에서 이 말을 언급하였다.[19] 그 책에서 어떤 이가 귀게스의 반지와 같은 여러 개의 반지를 소망하였는데, 그 하나로는 부자가 되고, 다른 하나로는 매력적이고 사랑스러운 모습을 얻고, 또 다른 하나로는 상상하는 곳으로 어디든지 데려다 주는 것이었다.

오랜 옛날 미신을 믿는 사람들은 반지에 여러 가지 능력이 담겼다고 믿었다. 실제로 사람들은 마법에 의해 여러 가지 힘이 실렸다 선전하여 반지를 사고팔았다. 어떤 것은 야수의 아가리를 피하고자, 또는 추문을 피하고자, 또는 반지를 낀 사람으로 하여금 악운을 피하도록, 아니면 그에게 행운이 생기게 하는 등 여러

19 루키아노스, 《배 혹은 소망들》 42.

가지 목적이 있었다.

아리스토파네스는 그의 희극 《부》에서 디카이오스가 아첨꾼에게 한 말을 전한다. "나는 너를 전혀 개의치 않는다. 왜냐면 나는 에우다모스에게 일 드라크마를 주고 산 반지를 끼고 있으니까."[20] 그리고 다시 같은 희극에서 말한다. "하지만 이것은 저 아첨꾼의 공격에는 전혀 효험이 없다." 주인공은 반지를 이야기하면서 맹수의 이빨을 떠오르게 하고 있다.

이 격언은 플라톤이 《국가》 제2권에서 전하고 있는 이야기에서 유래한다.[21] 뤼디아 왕국의 창시자 귀게스라는 사람은 당시의 뤼디아 사람들을 다스리는 왕을 위해 일하는 목동이었다. 어느 날 무서운 폭풍이 몰아치고 맹렬한 폭우가 떨어지고 번개가 치고 지진이 일어났다. 귀게스가 양 떼를 돌보고 있던 곳에서 대지가 크게 입을 벌린 채 갈라지게 되었다. 다른 목동들은 겁에 질려 모두 달아났고 귀게스만이 홀로 남아 있었다. 귀게스는 벌어진 대지의 입으로 내려갔고, 거기서 말로는 이루 형언할 수 없는 진귀한 것들을 보았다. 그 가운데 속이 빈 거대한 청동 말이 있었다. 말의 뒤꽁무니 쪽에 커다란 입구가 열려 있었다. 그 안을 들여다보니 보통 사람보다 덩치가 훨씬 큰 사내의 시체가 말의 복부에 안치되어 있었다. 옷이라고는 하나도 걸치지 않았으며 부

20 아리스토파네스, 《부》 883-5.

21 플라톤, 《국가》 359d.

장품도 달리 없었고, 달랑 손가락에 낀 반지 하나가 전부였다. 귀게스는 그 반지를 빼서 그곳을 벗어났다.

며칠 후 그는 다시 목동들이 모여 회의를 하는 자리에 참석하게 되었다. 그 자리는 매달 왕을 모시고 목축들을 시찰할 사람을 뽑는 자리였다. 귀게스가 다른 목동들 가운데 자리를 잡고 앉아, 우연히 끼고 있던 반지의 보석 장식을 안쪽으로 돌리게 되었다. 그때에 주변에 있던 사람들은 마치 그가 자리에 없는 양 이야기를 주고받았고, 그는 자신이 다른 사람에게는 보이지 않게 되었음을 깨닫고 놀랐다. 놀란 그가 반지의 장식을 다시 바깥쪽으로 돌리자 곧 다른 목동들은 그를 볼 수 있었다. 그래서 귀게스는 이런 현상을 조심스럽게 거듭 시험해 보았으며 반지의 보석이 자신에게 향하면 보이지 않게 되고 보석이 다른 사람들을 향하면 보이게 된다는 사실을 확인하게 되었다. 그래서 그는 목동들을 꾀어 자신을 왕의 시종으로 뽑도록 만들었다. 귀게스는 왕에게 갔으며 왕의 아내를 유혹하였고 왕을 살해할 계획을 꾸몄다. 왕을 처리한 후에 왕의 아내와 결혼한 귀게스는 빠른 속도로 목동에서 왕이 되었다. 이 모든 것이 반지 덕분이었다. 플라톤은 이 이야기를 《국가》 제10권에서 다시 한 번 꺼낸다.[22] 키케로도 《의무론》 제3권에서 이를 언급한다.[23] 헤로도토스는 그의 책

22 플라톤, 《국가》 612b.

23 키케로, 《의무론》 3, 9, 38.

제1권에서 귀게스의 이야기에 수정을 가하고 반지에 관해서는 언급하지 않았다.[24]

귀게스의 반지와 아주 유사한 다른 이야기로 '오르쿠스의 모자' 이야기가 있다. 나는 이 이야기를 다른 곳에서 언급하였다.[25]

24 헤로도토스, 《역사》 1, 8-15.

25 Adagia II x 74.

❖ Adagia I ii 4
Clavum clavo pellere

못을 못으로 뽑다

이 격언은 악을 또 다른 악으로 축출한다는 뜻이다. 루키아노스는 그의 책 《거짓에 대한 사랑》에서 말한다. "사람들이 말하다시피 쐐기를 쐐기로 뽑는다."[26] 《변명》에서도 말한다. "나는, 지금과 같이 나를 고발하는 것에 덧붙여 사람들이 나의 수다스러움을 비난하지 않을까 두렵다. 속담에 이르길 쐐기를 쐐기로 뽑는다 하였으며, 작은 잘못을 더 큰 잘못으로 덮는 꼴이다."[27] 아리스토텔레스는 《정치학》 제5권 마지막 장에서 말하였다. "사악한 사람과 아첨꾼들은 독재자의 친구이다. 왜냐하면, 그들은 서로에게 이익이 되기 때문인데, 악인은 못된 자에게 이로운즉슨, '쐐기는 쐐기와'[28]라고 속담에 이른다." 쉬네이소는 올륌피오스에게 보내는 편지에서 썼다. "사악한 이방인들이 교회를 공격하였다. 교

26 루키아노스, 《거짓에 대한 사랑》 9.

27 루키아노스, 《변명》 9.

28 아리스토텔레스, 《정치학》 1314a4.

회여, 그들을 공격하라! 무릇 못이 못을 뽑는 법이다."[29] 성 히에로뉘모스는 사제 루스티쿠스에게 보내는 편지에서 썼다. "세상의 철학자들은 옛사랑을 오늘 얻은 사랑으로 몰아내곤 한다."[30] 키케로는 《투스쿨룸 대화》에서 말하였다. "환자들에게 느린 회복이 이루어지는 것처럼, 치료는 상황의 변화에 영향을 받곤 한다. 사람들은 또한 옛사랑을 새로운 사랑으로 치료한다고, 즉 쐐기를 쐐기로 뽑는다고 생각한다."[31] 율리우스 폴룩스는 그의 책 제9권에서 이 격언이 킨달리스모스 kindalismos라고 불리던 놀이에서 유래한다고 적고 있다. 이 놀이에서 찰흙 속에 박아 놓은 못을 다른 못으로 쳐서 빼내는 것이 목적이었다. 이를 전하며 저자는 "쐐기는 쐐기로, 못은 못으로"라는 속담을 언급하고 있다.[32]

이 격언은 잘못을 잘못으로, 죄악을 죄악으로, 잔꾀를 잔꾀로, 무력을 무력으로, 무모함을 무모함으로, 비방을 비방으로 몰아내는 등의 경우에 어울리는 말일뿐만 아니라, 하나의 곤경을 다른 곤경으로 극복하는 경우에도 적용할 수 있다. 예를 들어 욕정을 힘든 노동으로 극복하거나, 사랑의 열병을 보다 숭고한 열정으로 다스리는 경우이다. 에우제비우스는 히에로클레스를 다음과 같이 고발하고 있다. "그는 악령을 다른 악령으로 몰아

29 쉬네이소, epist. 45, 186a.

30 히에로뉘모스, epist. 125, 14, 1.

31 키케로, 《투스쿨룸 대화》 4, 35, 75.

32 Onomasticon 9, 120.

내고 있다."[33] 이때 저자는 분명히 이 격언을 생각하고 있었을 것이다. 푸블리우스가 남긴 도덕적 경구도 이 격언과 흡사하다. "결코, 위험을 위험으로 대처하지 마라."[34]

33 Contra Hieroclem 34.

34 푸블리우스, Syrus N 7.

❖ Adagia I ii 11
Ululas Athenas

부엉이를 아테네로

'부엉이를 아테네로'에 '가져가다' 내지 '보내다'를 덧붙여야 할 것이다. 이 말은 어떤 물건이 이미 지천으로 널려 있는 고장에 그 물건을 팔려고 가져가는 어리석은 상인에게 잘 어울린다. 예를 들면 밀을 이집트로 가져간다거나 사프란을 킬리키아로 가져가는 일을 가리킨다. 이 은유를 정신적인 영역으로 옮겨 놓는다면 더욱 재미있다. 예를 들어 어떤 사람이 자신보다 더 현명한 사람을 가르치려 한다거나, 시인에게 시를 보내려고 한다거나, 탁월한 원로원 위원에게 정견을 피력하려는 경우가 그렇다.

키케로는 토르콰토스에게 말한다. "그러나 내가 이것을 당신에게 말한다면 다시 한 번 부엉이를 아테네로 가져가는 꼴입니다."[35] 그리고 자신의 동생에게 편지를 쓴다. "나는 네가 나에게 물었던 그 구절, '부엉이를 아테네로'를 보낸다."[36] 아리스토파네

35 키케로, 《친구들과의 서한》 6, 3.

36 키케로, 《동생 퀸투스와의 서한》 2. 16.

스는 《새》에서 썼다. "무슨 말씀입니까? 누가 부엉이를 아테네로 가져간단 말입니까?"[37] 루키아노스는 《니그리누스에게 보내는 편지》에서 이 말을 인용하고 있다.[38]

부엉이가 아티카 지방에 매우 많이 서식하고, 아마도 지역을 대표하는 것이기에 이런 격언이 생겨났을 것이다. 사람들에 따르면 부엉이는 주로 아티카의 한 지역, 금광이 있는 라우리온Laurion에서 서식하고 있다고 한다. 그 때문에 사람들은 라우리온의 부엉이라고도 한다. 아테네 사람들은 오랜 옛날부터 이 새를 매우 좋아했다. 부엉이는 다른 새들과 달리 어둠 속에서도 사물을 알아볼 수 있는 밝은 눈을 가지고 있어 아테네 여신에게 바쳐졌다. 부엉이는 인간 만사의 길조이다. "부엉이가 날아간다"는 격언은 이것을 의미한다.[39] 덧붙여 말하자면 아테네 여신은 아테네 시민들이 잘못된 결정을 내리더라도 마침내 좋은 결과를 얻도록 돕는다고 한다.[40]

아리스토파네스의 주석가들이 인용하는 바로는, 다이몬Daemon이라는 사람은 '부엉이를 아테네로 가져가다'란 말이 생겨난 이유는 아테네에 부엉이가 많이 살고 있기 때문만이 아니라 아테네의 금화와 은화에 모두 아테네 여신과 더불어 부엉이가

37 아리스토파네스, 《새》 301행.

38 루키아노스, 《니그리누스에게 보내는 편지》 37 이하.

39 제노비우스, 《격언 선집》 2, 89.

40 아리스토파네스, 《구름》 587행 이하.

새겨져 있기 때문이라고 주장하였다고 한다. 이 주화는 테트라드라크몬 Tetradrachmaon이라 불리며, 말 그대로 4드라크마짜리이다. 그전에는 황소를 새겨 넣은 2드라크마짜리 주화가 유통되었다. 이 동전에서 "혀 위에 황소 Bos in Lingua"라는 말이 생겨났다.[41] 어떤 이들이 말한 바로는 아테네에서는 트리오볼루스 Triobolus라는 동전이 유통되었는데, 이 주화의 값어치는 1/2드라크마였다. 즉 1드라크마는 6볼루스에 해당한다. 트로오볼루스의 한쪽 면에는 제우스가 새겨져 있으며 반대쪽에는 부엉이가 새겨져 있다. 이렇게 곳곳에 부엉이가 많아서 아테네로 부엉이를 가져가는 일은 쓸모없는 일일 것이다. 플루타르코스는 뤼산드로스의 전기를 기록하면서 이 격언을 언급하였다. 어떤 노예가 있었는데 노예는 집 안에 든 도둑에게 수수께끼와도 같은 말로 언질을 주었다고 한다. 노예는 "지붕 아래 부엉이들이 잠자고 있다"고 말하였다.[42] 도둑은 그 말을 듣고 이내 부엉이가 새겨진 동전들이 지붕 밑에 숨겨져 있음을 알아챘다고 한다.

41 Diogen. 3, 48.

42 플루타르코스, 《비교 영웅전》 〈뤼산드로스의전기〉 16.

❖ Adagia I ii 21
Simile gaudet simili

유유상종

아리스토텔레스는 《윤리학》 제8권에서 "서로 비슷한 것은 서로에게서 기쁨을 얻는다"고 썼으며, 제9권에서는 "비슷한 것은 서로에게 친구이다"라고 적고 있다.[43] 마찬가지로 "유사성은 애정의 어머니이다." "완전한 유사성이 있는 곳에 가장 격정적인 사랑이 존재한다"는 말이 진정 나르키소스의 신화에 담긴 뜻이다.[44]

플라톤의 《향연》에서 아가톤이 말한다. "옛 격언에 이르기를, 비슷한 것은 비슷한 것에 늘 다가간다."[45]

플루타르코스는 《어떻게 친구와 아첨꾼을 구별할 것인가》라는 글에서 얌보스[46] 운율의 시를 인용하고 있다.

---

43 아리스토텔레스, 《니코마코스 윤리학》 1155b7; 1165b17.

44 오비디우스, 《변신이야기》 제3권 339-510.

45 《향연》 195b.

46 얌보스는 '단장'을 의미한다. 얌보스 소리 걸음은 '단장단장'으로 구성된다. 세 번 반복하여서 한 시행을 이룬다. 이를 보통 '얌보스 세 소리 걸음'이라고 부른다.

나이 든 이의 말은 노인을 기쁘게 하고
아이들은 아이들에게, 여인네들은 여인네들에게,
병든 자들은 병든 자들에게, 상심한 자들은
상처 입은 자들에게 잘도 어울린다.

디오게네스 라에르티우스는 플라톤이 에피카르무스의 글에서 인용하였음을 밝히며, 다음 인용구를 적어 놓았다. "암캐는 수캐에게 가장 아름답게 보이며 암소는 수소에게, 암나귀는 수나귀에게, 암퇘지는 수퇘지에게 그러하다."[47] 나는 또 다른 곳에서 찾아 놓은바, "모든 왕비에게는 자신의 남편이 가장 훌륭하다."[48]

플라톤은 《법률》 제8권에서 말하였다. "우리는 덕과 관련하여 비슷한 것은 비슷한 것의 친구이며 동일한 것은 동일한 것의 친구라고 말한다."[49] 하지만 사실 비슷한 것이 비슷한 것의 친구라는 말은 악덕의 경우에 더욱 확연하다.

이상의 격언과는 정반대로 카툴루스는 "난잡한 난봉질에는 모두 잘도 죽이 맞는다"라고 적었으며,[50] 마르티알리스는 역시 "극악한 아내에 극악한 사내, 이 말에 네가 동의하지 않는다니

47 디오게네스 라에르티오스, 《철학자의 생애》 3, 16.

48 Adagia I ii 15.

49 플라톤, 《법률》 837a.

50 카툴루스, 《서정시》 57, 1.

놀라울 뿐이다"라고 썼다.[51] 유베날리스는 "남색꾼들의 의견 일치는 놀랠 노자이다"라고 하였다.[52]

51 마르티알리스, 《격언시》 8, 35, 2-3.

52 유베날리스, 《풍자시》 2, 47.

❖ Adagia I ii 39
Principium dimidium totius

시작이 반이다

시작이 반이다. 이 격언은 모든 일에 가장 큰 어려움은 그 시작임을 나타낸다. 이는 헤시오도스로부터 비롯된 말이다.[53] 루키아노스는 그의 책《헤르모티무스》에서 인용하고 있다. 아리스토텔레스 또한《정치학》제5권에서 인용하였다.[54] 플라톤은《법률》제6권에서 언급하고 있다.[55]

> 옛말에 이르길 시작이 모든 일의 반이라 하였다. 그래서 사람마다 시작을 칭찬하는 것이다. 그러나 내가 보기에 시작은 반 이상이며, 어느 사람도 시작을 충분히 잘 칭찬하지 못하였다.

《수다 사전》은 마리누스 Marinus라는 사람에서 다음을 인용하

53 헤시오도스,《일들과 날들》40.
54 아리스토텔레스,《정치학》1303b29.
55 플라톤,《법률》753e.

였다. "그것은 우리에게 시작이었다. 그것은 단지 시작에 그치지 않고, 격언에서 이르듯 절반에 그치지 않고, 일 전체에 해당하였다." 아리스토텔레스는 《윤리학》 제1권에서 말한다. "시작은, 사람들이 말하길 전체 일의 반 이상이다."[56] 호라티우스는 《서간시》 제1권에서 말한다. "시작한 사람은 절반을 행하였다. 감히 현명하시길!"[57] 아우소니우스도 말한다. "시작하라, 시작에 일의 절반이 들었다. 절반을 시작하라! 그러면 당신은 마칠 것이다."[58] 플루타르코스는 《시는 어떻게 공부하는가?》라는 책에서 소포클레스의 시구를 인용한다. "어떤 일이든 시작을 잘하는 사람, 이 사람은 끝을 보게 되리다."[59]

---

56 아리스토텔레스, 《니코마코스 윤리학》 1098b7.

57 호라티우스, 《서간시》 1, 2, 40.

58 아우소니우스, 《격언시》 15.

59 플루타르코스, 《윤리》 16a.

❖ Adagia I ii 55
Cygnea cantio

백조의 노래

이 말은 희랍 격언집 속에 들어 있고 아엘리아노스가 지은 동물학에 관한 저서에도 들어 있다.[60] 이 말은 인생의 만년에 거장다운 면모가 배어나는 이야기를 들려준다거나 혹은 고령에 접어들어 마음을 사로잡는 글을 쓴다거나 하는 사람을 가리킨다. 특히 시인들의 경우가 그러한데, 그들의 만년 저작에는 설익은 떫은맛이 없고 문체가 세월에 농익어 조화로운 달콤함이 가득하다.

백조가 죽음 직전에 고운 목소리로 울음을 우는 것은, 비록 누구도 직접 본 사람이 없고 누구도 믿으려 하지 않지만, 문학작품에서 거듭 등장하는 상투적인 생각이다. 루키아노스는 그가 파두스 강을 따라 배를 타고 지나다녔지만 그런 백조는 전혀 볼 수 없었다고 말하고 있다. 아엘리아노스도 덧붙여 백조는 오로지 따뜻한 서풍이 불어올 때만 울음을 운다고 전한다. 서풍을

60 아엘리아노스, 《동물학》 2, 32.

라티움 어로 파보니우스 Favonius라고 한다. 마르티알리스는 이렇게 노래했다.[61]

> 굳어가는 혀로 백조는 사랑스러운 노래를 불렀네.
> 그리하여 그는 자기 죽음을 스스로 노래하였다네.

학식이 높은 사람들 가운데도 이런 현상을 설명하려 시도하는 사람이 있는가 하면 심지어 다음과 같이 주장하기도 한다. 이런 현상은 백조가 가늘고 좁다란 목을 통해 힘겹게 마지막 숨을 뽑아내려고 하므로 생겨난다는 것이다.[62]

옛 시인들의 만년 저작을 칭찬하면서 성 히에로뉘모스는 시인들의 목록을 열거하고는 이렇게 말한다. "이 시인들은 모두 죽음을 앞두고 백조의 노래를 불렀다."[63] 그리고 네포티아누스에 대한 추도문에서 히에로뉘모스는 이렇게 적었다. "그는 지금 어디 있는가? 우리로 하여금 정진하도록 독려하였던 사람, 백조의 노래보다 아름다운 그 목소리."[64] 그리고 나 자신이 직접 이런 표현을 나의 시에서 사용하였다.[65] 이 시를 나는 일찍이 학문을

61 마르티알리스, 《격언시》 13, 77.
62 세르비우스, 《베르길리우스 〈아이네이스〉 주석》. 7, 700.
63 히에로뉘모스, 《서한집》 52, 3, 5.
64 히에로뉘모스, 《서한집》 60, 1, 2.
65 에라스무스, 《서정시집》. 80, 299행 이하.

후원하는 일로 높이 칭송받아야 할 마에케나스, 켄터베리의 윌리엄 대주교를 위해 순식간에 떠오른 영감으로 지었다.

시인들은 살아오리라, 눈부시도록
빛나는 지혜와 아름다운 목소리로. 마치
창공까지 백조의 노래가 이르리다.
그리하여 먼 훗날 사람들도 선명히 들으리라.

백조의 노래라는 표현을 아테나이오스도 그의 책《현자들의 저녁 식사》 제14권에서 언급하였다.[66] 그는 크뤼십포스에게서 인용하였다. 크뤼십포스는 음탕한 행각으로 악명이 높았던 사람의 이야기를 전한다. 이 사내는 마침내 사형 집행인 앞에 서게 되었을 때 마지막으로 유언하기를 "백조의 노래를 부르고 나서 죽음을 맞기를 원했는데"라고 말하였다. 내가 생각하기에 이 사내는 죽음을 기꺼이 받아들이기 전에, 자신이 할 수 있는 분야에서, 냉소적으로 말하자면, 최선의 행각을 벌였어야 했다고 생각하는 듯하다.

키케로는《연설가에 관하여》 제3권 서두에서 크라수스에 관해 다음과 같이 기록하였다.[67]

66 아테나이오스,《현자들의 저녁 식사》 616b.

67 키케로,《연설가에 관하여》 3, 2, 6.

이 연설은 그 누구와도 비교할 수 없을 만큼 훌륭한 인물이 행한 소위 백조의 노래이다. 그가 타계한 지 얼마 지나지 않아 마치 그의 목소리를 들을 수 있는 양 기대하며 우리는 원로원에 등원하였다. 하지만 그곳에서 우리는 그가 마지막으로 서 있었던 자리를 발견하였을 뿐이다.

❖ Adagia I, iii, 1
Aut Regem Aut Fatuum Nasci Oportere

왕으로 태어나든지 아니면 바보로 태어나야 한다

타키투스[68]가 전하는 바로는 안나이우스 세네카는 매우 익살스러운 사람이었다. 그가 황제 클라우디우스를 겨냥하여 쓴 재미난 책에서[69] 이를 확인할 수 있다. 최근에 이 책이 독일어로 세상의 빛을 보았다. 그는 이 책에서 우리가 앞서 간혹 언급하였던 격언을 언급하고 있다. "왕으로 태어나든지 아니면 바보로 태어나야 한다." 그가 직접 덧붙인 설명을 들어보는 것이 좋을 듯하다. 그가 말했다. "나는 그가 자신의 최후를 맞이하던 바로 그 날에야 비로소 자유의 몸이 되었다. 그는 왕으로 태어나든지 아

68 기원후 55~120년까지 살았던 로마의 역사가이며 아우구스투스 치세 말기로부터 티베리우스, 클라우디우스, 네로로 이어지는 황제정을 다룬《연대기》를 남겼다.《연대기》13,3을 보라.

69 루키우스 안나이우스 세네카(기원후 4~65년)는《아포콜로퀸토시스 Apocolocyntosis》라는 책을 썼다. 흔히 황제가 죽으면 그를 신격화하여 쓰는 글을《황제 신격화 찬양문 Apothesis》이라고 하는데, 황제 클라우디우스(기원후 41~54년까지 통치)가 죽자 세네카는 그를 찬양한다는 명목으로 오히려 풍자적인 찬양문을 썼다.《아포콜로퀸토시스》는 글자 그대로 번역하면 '황제 호박화 찬양문'이다.

니면 바보로 태어나야 한다는 속담을 몸소 실천해 보여주었다." 그는 같은 책에서 또 이렇게 말했다. "그는 같은 집에서 크라수스와 마그누스와 스크리보이나와 바시오니아와 아사리리 사람들 등 많은 귀족을 죽였다. 그런데 크라수스는 왕으로 군림할 수 있을 만큼 멍청한 인사였다." 모호하긴 하지만 다른 곳에서도 같은 생각을 운문으로 적었다. "그는 어리석음의 제왕적 시대를 마감했다." 대중이 열광하는 것은 전혀 무의미한 것은 아니라는 헤시오도스의 언급[70]이 진실을 담고 있다고 말하거니와, 이 격언이 발생하게 된 계기를 더듬어 보는 일은 무의미한 일은 아닐 것이다. 두 가지가 전혀 다른 것인바 제왕과 바보를 서로 연결해서 양자가 서로 닮은 것처럼 보이도록 만들어 놓았기 때문이다. 특히 모름지기 제왕이라 함은, 특히 참된 의미에서 제왕이라 함은 학식과 사려 깊음과 치밀함에 있어 타의 추종을 허락하지 않는 인물이기 때문이다.

따라서 옛 시절의 제왕들이 상당 부분 대단한 어리석음을 갖추고 있었음이 명백하다. 이는 일부 시인들이 전하는 이야기와 일부 역사가들이 전하는 기록에 비추어 충분히 확인할 수 있다. 호메로스는 자신의 아가멤논을 현명하다기보다는 차라리 야심적인 인물로 그리고 있으며, 호메로스를 흉내 낸 이후의 비극작

70 헤시오도스《일들과 날들》763행 이하 "그리고 구설은 많은 사람의 입에서 나오게 되면 결코 완전히 소멸하지 않소. 그래서 구설도 일종의 신인 것이오."

가들 또한 그렇게 그리고 있다. 하나뿐인 딸을 그토록 잔인하게 희생물로 바치면서까지 총사령관의 칭호를 얻었을 때, 과연 이보다 어리석은 것은 무엇일까? 또 자신의 사랑하는 여인을 곁에 붙들어둘 수 없게 되자, 유치하게 이방의 여인을 두고 싸움질을 벌이다 아킬레스의 여인을 빼앗아버림으로써 결국 자신의 군대 전체를 위험에 빠뜨렸다고 하는데 과연 이보다 멍청한 짓은 무엇일까? 하기야 아킬레스는 사랑하는 연인을 빼앗기자 그보다 더 멍청할 수 없을 정도로 분노하였으며, 마치 어린아이처럼 제 어미 옆에 붙어 얼마나 칭얼거렸는지! 이렇게 이 사람을 시인은 우리에게 절대적으로 탁월한 제왕의 예로 보여주고 있다. 그럼 이 사람은 어떠한가? 아이아스는 얼마나 어리석은 방식으로 자신의 분노를 표출하였던가? 또 노년에 지친 프리아모스는 얼마나 큰 망언을 저질렀는가? 그렇게나 엄청난 죽음을 겪었으면서도, 그렇게나 많은 자식의 죽음을 보았으면서도, 파리스가 그녀를 아내로 데리고 있지 못할 정도로 그렇게나 자주 장례식을 치러야 했으면서도, 창녀의 정숙함을 갖춘 여인 헬레네를 품에 안고 딸이라 부르면서, 전쟁을 그 여자 탓으로 돌리지 않고 있다고 달래고 있으니 말이다. 더는 말해서 무엇하겠는가? 호라티우스가 기가 막히게 말한 대로 그와 같이 길고 긴 《일리아스》는 단지 "어리석은 제왕들과 백성들의 광기를 담고" 있을 뿐이다.[71] 한편 《오뒷세

71 호라티우스 《서간시》 1, 2, 8.

이아》는 알키누스 등 둔하고 어리석은 청혼자들을 보여주고 있다.[72] 사실 헤라클레스조차 덩치가 크고 용감한 것으로 그려지는 한편 둔하고 어리석은 지능을 가진 영웅으로 그려진다. 헤시오도스는, 일부 사람들은 그를 호메로스보다 앞서 살았던 시인이라고 보기도 하는데, 제왕들을 '뇌물을 탐하는 자들' 혹은 '어리석은 자들'이라고 부르곤 했다.[73] 나는 제왕들이 국가를 다스리는 데 전혀 지혜롭지 못하고, 정당한 방법이든 불경한 방법이든 수단과 방법을 가리지 않고 백성들의 공익보다는 제물을 모으는 데 악착같다고 생각하는 편이다. 시인들은 미다스를 그런 종류의 사람으로 그리고 있고 그의 어리석음을 웅변적으로 보여주는 것이 바로 당나귀 귀다. 또한, 이것을 언급해야 하는지, 여기에 적합한 것인지 모르겠으나, 옛 신학자들이, 그러니까 시인들이 아폴론과 팔라스에게 지혜를 부여하였는데, 신들과 인간들의 통치자 유피테르에게는 다만 올림포스 전체를 떨게 만드는 삼지창 번개와 고갯짓과 눈짓만을 남겨 두었을 뿐이라는 것은 과연 어떤 의미인가? 또 시인들이 세계의 지배자라고 부르는 유피테르

72 '알키누스'는 오뒷세우스가 고향에 돌아오기 직전에 방문했던 파이아케스 사람들의 왕이다. 그는 오뒷세우스에게 많은 선물을 주었다. 아마도 에라스무스가 청혼자 '안티누스'와 혼동한 것으로 보인다.

73 헤시오도스 《일들과 날들》 38행 이하 "왕들을, 뇌물을 먹는 자들을 많은 뇌물로 매수하여 그래서 그들은 그런 판결을 내리고자 하는 것이오. 어리석도다! 그들은 반이 전체보다 얼마나 더 많은지, 아욱과 둥굴레 속에 얼마나 큰 이익이 들어 있는지 모르고 있는 것이오."

보다 더없이 우매하고 우매한 탕아는 누구이며, 더없이 방탕하고 방탕한 바람둥이는 누구인가? 그는 온갖 기술로 아내를 속이는데, 때로는 백조가 되기도 하고, 때로는 황소가 되기도 하고, 때로는 황금 비가 되기도 하여, 여인들을 갖은 음모로 후리는가 하면 가뉘메데스를 유인하기도 하여 하늘을 온통 사생아들로 채우고 있다. 그와 똑같은 방법으로 시인들은 넵투누스와 플루토도 매우 화를 잘 내며 화가 나면 잘 풀리지 않는 인물로 만들어 놓았고, 그들에게 지혜를 부여하지 않았다.

멀고 먼 신화 속 이야기는 접어두고 역사의 기록을 찾아본다면, 당신은 어떻게 생각할까? 뤼디아의 왕 크로이소스가 지혜를 얼마나 갖고 있었다고 믿는가? 헤로도토스가 크로이소스 왕을 묘사하고 있는 것을 보면, 가득히 모아놓은 보석과 황금을 가진 자신에게 행복한 사람이라고 호칭을 부여하길 거부한 솔론에 대하여 그가 화를 냈다고 하니 말이다.[74] 또한, 크세르크세스가 행한 것보다 멍청한 짓이 과연 무엇일까? 그는 아토스 산으로 사신들을 파견하여 온갖 욕설과 협박을 담은 서한으로 아토스 산을 위협하였다고 하고, 또한 헬레스폰토스 해협에 대고 헤아릴 수 없이 많은 채찍질을 하도록 명령했다고 한다. 알렉산드로스 대왕도 유감없이 제왕적 어리석음을 발휘하였는데, 그는 생부를 제쳐놓고 유피테르의 아들이라 불리기를 즐겼다 하고, 아첨꾼들

74 헤로도토스《역사》1, 30~33을 보라.

은 술자리에서 누가 많이 마시나 술내기를 하는 그를 신이라 경배하였다. 그러면 그는 자신의 승리에 비해 이 세상은 너무도 옹색할 정도로 작다고 불평하며 아무래도 오케아노스를 건너 정복할 다른 세상을 찾아보아야겠다고 큰소리쳤다고 한다. 디오뉘시오스, 프톨레마이오스, 율리우스, 네로, 티베리우스, 칼리쿨라, 헬리오가발루스, 코모도스, 도미티우스 등을 언급해서 무엇하겠는가? 이들 가운데 어떤 이는 자신에게는 인간의 이름이 어울리지 않으니 신의 이름을 사용하여야겠다고 주장하는가 하면, 어떤 이는 자신을 아첨꾼들이 조롱하는 줄도 모르고 아첨에 파묻혀 있었다고 하며, 또 어떤 이는 야심에 사로잡혀 광기 어린 혼란을 부추겨 세상을 흔들어 놓았다고 한다.

그러나 이런 명단을 계속 늘려가며, 속담에 이르듯 물가에서 물을 찾는다면 나야말로 바보라고 불려도 마땅하다. 고대는 물론이거니와 근대의 연대기를 모두 뒤져보시라. 그러니까 탁월한 어리석음을 뽐내며 인류에게 커다란 피해를 주지 않은 제왕은 찾아볼 수 없을 것이고, 당신은 지난 수세기에 걸쳐 고작 한두 명이나 있을까 말까 하다는 것을 알게 될 것이다. 제왕이 어리석으면 온 누리에 재앙이며, 제왕이 현명하면 모든 사람에게 축복이겠지만, 자고로 남에게 이익을 가져다주기보다 남에게 해악을 끼치기가 십상이며, 유익보다는 재앙이 훨씬 더 민첩하고 훨씬 더 빨리 퍼져나가기 마련이다. 오늘날에도 우리는 제왕이라는 호칭에 어울릴 만한 일은 젖혀둔 채 오로지 엉뚱한 것만을 추구하는 적지 않은 제왕들을 발견한다. 그뿐인가, 그에 못지않게 멍청한 백성들도 볼 수 있는데, 이들은 필요한 것은 젖혀두고 다만 그 밖에 모든 것에서 제왕을 칭찬하며 떠받들고 있다. "그분은 젊으시다." 이런 칭찬은 신부에게 신랑을 천거할 때 쓰는 말이지, 국가에 제왕을 모실 때는 아니올시다. "그분은 잘 생기셨다." 이 말은 사실 여자를 칭찬할 때나 쓸 말이다. "그분은 어깨가 떡 벌어져 늠름하시다." 당신이 운동선수를 칭찬할 때라면 이렇게 말했을 수 있다. "그는 강인하여 힘든 일을 잘 견디신다." 이런 말은 마부나 머슴에게 쓸 말이다. "엄청난 돈을 모으셨다." 당신은 부지런한 고리대금업자를 이렇게 묘사할 수 있다. "그분은 달변이다." 나는 그렇게 소피스트들을 칭송한다. "그분은 노래도 잘하고 춤도 잘 춘다." 이것은 제왕이 아니라, 배우와 가수를 칭송하는 말이다. "마시는 데 있어 그분을 당해낼 사람은 없다." 아마도 이런 칭찬에 대하여 옛 시절의 군주들은 즐거워했을 것이다. 이 말을 만약 당신이 해면을 칭송하는 데 쓴다면 어울릴 수도 있겠다. "그분은 키가 커서 남들 어깨 위로 머리 하나가 더 나온다." 높은 곳에 둔 물건을 꺼낸다면 혹 대단히 유용하겠다. "그분은 이미 주사위 놀음에 대단한 실력자다." "그분은 장기에 대단한 실력자다." 이런 칭찬은 빈둥대는 날건달에게나 통용될 말이며, 군주는 이 칭찬에 오히려 창피할 일이다. 당신은 세공품, 금은보화, 초

상화, 헤라클레스로부터 이어지는 족보 내지 코드루스[75] 아니면 케크롭스[76]로부터 이어지는 족보 등 온갖 것들을 가져다 댄다 한들, 나는 이를 제왕에게 어울리는 칭송으로 여기지 않을 것이다. 모름지기 군주에게서 칭송할 만한 것은, 천박한 어리석음에서 멀리 떨어진, 세상 먼지를 덮어쓴 더러운 탐욕과 대중의 그릇되고 거짓된 생각에서 자유로운 정신일 뿐이다.

이런 이유에서 신적인 플라톤은 어리석지 않게 적었는데, 그는 철학자들에게 국가의 최고 권력을 부여하지 않거나, 혹은 국가의 최고 권력을 가진 자들이 철학을 따르지 않는다면 도저히 국가가 행복할 수 없다고 하였다. 여기서 철학을 따른다는 것은 거적을 쓰고 동냥 주머니를 차고 다니는 것, 혹은 수염을 잔뜩 기른다는 것을 의미하지는 않는다. 그렇다면 무엇을 의미하는가? 백성들이 어리석게 경배하는 것을 하찮게 여기며, 수많은 대중이 생각하는 바와는 아주 다르게 생각한다는 것을 의미한다. 나로서는 도대체 이해할 수 없는데, 무엇이든 자기 생각대로 처분한다며 오만한 제왕이, 그것이 뭐 대단한 것인 양 재력을 칭송하며, 권력을 위해 맹세를 헌신짝 버리듯 하고, 허영심에 빠져 어떻게 참다운 군주 역할을 할 수 있을지 말이다.

그러므로 제왕에게 요구되는 제일은 각각의 사태에 대하여

75 기원전 1000년경에 아테네를 다스린 전설의 왕으로 아테네의 마지막 왕이었다고 한다.

76 전설로 전해지는 아테네를 다스린 최초의 왕이다.

올바르게 판단하는 일이다. 왜냐하면, 생각이란 모든 생명활동이 시작되는 원초인바, 생각이 잘못되면 모든 것이 잘못 행해지기 때문이다. 다음은 추한 것들을 멀리하고 아름다운 것들을 취하는 것이다. 참된 지혜는 물론 참된 것을 인식하는 것에서 시작하는 것이고, 나아가 아름다움에 대한 열정과 사랑으로 채워지는 것이다. 만일 전쟁이란 인류에게 커다란 해악을 가져올 수밖에 없고, 패권이라는 이름이 낡아빠진 것으로 생각하는 군주를 아마도 찾을 수 있을지 모르지만, 야심은 그를 몰아세워 모든 국부를 전쟁에 쏟아 붓게 할 것이다. 또한, 사태에 밝고 경험이 많고 청렴한 삶을 살며 국가에 헌신할 수 있는 사람들이 아니라 재물만을 최고의 가치로 여기는 사람들을 관리로 앉히면 나라가 아주 크게 피폐할 것으로 생각한 군주를 찾을 수 있을지 모르지만, 탐욕은 그를 제압하여 국가적 병폐는 무시하고 자신의 돈주머니를 채우는 데 열중하게 할 것이다. 모든 백성에게서 세금을 걷어 모든 이들의 살림을 살피고, 송사를 주관하고 악행을 배척하고 관리들을 감독하고 쓸모없는 악법들을 개정하는 것이 군주의 소임임을 파악한 군주가 없지는 않겠지만, 욕망이 곧 이런 일에서 그를 멀리 떼어놓으니 그에게는 군주로서 해야 할 일을 할 시간이 주어지지 않을 것이다. 또한, 자신이 인류의 삶에 매우 유익한 일을 행할 수 있다고 생각한 군주가 있을지 모르지만, 그는 곧 이것이 목숨을 바치지 않으면 이룰 수 없는 일임을 알고는, 죽음을 세상에서 가장 끔찍한 일이라고 판단하여 국가를 저버릴 것이다. 따라서 무엇보다 먼저 군주의 정신은 모든 잘못된 것들에서 벗어나 있어야 할 것이다. 그리하여 그는 무엇이 참으로 아름다운 것인지, 무엇이 참으로 영광된 것인지, 무엇이 참으로 위대한 것인지를 깨달아야 할 것이다. 이어 추한 것들에 대한 혐오와 아름다운 것들에 대한 열정을 갖추고 있어야 할 것이다. 그리하여 무엇이 제왕에게 합당한 것인지를 알아야 할 것이며, 또한 훌륭하고 건강한 군주에게 합당한 것만을 오직 취함으로써 아름다움이 있는지를 들어 모든 것을 이것으로 판단하고 어떤 상황에서도 이것에서 벗어나지 않아야 할 것이다. 이것을 두고 지혜라 하며 즉, 위엄과 재산과 명예와 권력에서도 그러하지만, 지혜야말로 제왕이 다른 모든 백성보다 많이 가지고 있어야 할 덕목이다.

세상의 모든 기독교 군주들이, 참으로 바라오니, 무소불위의 하느님께서 무엇이든 원하는 것을 고르라 기회를 주시자, 자신에게 맡겨진 백성들을 올바르게 다스리는 데 필요한 분별력, 오로지 분별력 이외에는 아무런 것도 원하지 않았던 저 왕을 닮았으면 좋겠다.[77] 그리하여 그는 자기 아들에게 지혜에 대한 사랑과

77 《열왕기 상권》 3장 7절 이하 "그런데 주저의 하느님, 당신께서는 당신 종을 제 아버지 다윗을 이어 임금으로 세우셨습니다만, 저는 어린아이에 지나지 않아서 백성을 이끄는 법을 알지 못합니다. 당신 종은 당신께서 뽑으신 백성, 그 수가 너무 많아 셀 수도 없는 당신 백성 가운데 있습니다. 그러니 당신 종에게 듣는 암을 주

열망 이외에 달리 무엇을 거듭하여 가르쳤겠는가? 이런 이유에서 이집트 사람들은 제왕의 상징물을 그리되, 왕 홀과 함께 눈동자를 그려 넣었다고 한다. 몸에 눈이 있듯 나라에 군왕이 있다. 천체에는 태양이 있듯 만백성에게는 제왕이 있으니, 태양은 천체의 눈동자며, 제왕은 만백성의 눈동자다. 사람에게 영혼이 있듯 국가에는 군주가 있다. 영혼은 생각하고 육신은 복종한다. 영혼은 육신에 명령하니 이는 육신을 위한 것이며, 군주는 자신에게 맡겨진 것을 위해 다스리니 독재자처럼 자신만을 위한 통치가 아니다. 한마디로 군주는 우주 만물을 주재하시는 생명의 하느님을 닮은 살아있는 모상이다. 하여 군주가 자신의 원형을 더욱 가깝게 닮을수록 그는 그만큼 더욱 위대한 군주가 된다. 하느님은 보지 못하는 것이 없고, 알지 못하는 것이 없고, 어떤 감정에도 흔들지 않는다. 누구보다 강력하며, 누구보다 선하다. 과분한 사람들에게조차 자애롭다. 어쩔 수 없는 경우가 아니고서는 절대 벌하지 않는다. 이 세상을 다스리되 자신이 아니라 우리를 위하여 다스린다. 우리를 이롭게 하되 오직 그것만이 하느님이 바라는 유일한 보상이다. 하지만 반대로 역병 같은 통치자는 악마의 모상이 아닐까 싶을 정도로 만행을 저지른다. 생각이란 전혀 없으며, 그나마 하는 생각은 모두 만백성에게 해악을 끼칠 생각뿐이다. 권력은 모두 만백성에게 고통을 안기는 데 악용될 뿐이

시어 당신 백성을 통치하고 선과 악을 분별할 수 있게 해 주십시오."

다. 그가 퍼뜨린 역병은 이미 모두에게 미쳤음에도 그는 그보다 더 많은 불행을 도모하고자 한다.

훌륭한 제왕만큼 귀한 것이 없으며, 좋은 것이 없으며, 하느님께 가까운 것이 없다. 반대로 어리석은 군주만큼 혐오스러운 것이 없으며, 악한 것이 없으며, 악마와 닮은 존재가 없다. 사람을 살리는 제왕은 가히 신적인 존재며, 독재자는 어떤 야수보다 지독히 해로운 존재다. 그림이나 조각상이 그를 어떤 이름으로 부르든지 간에 자신을 위해 권력을 행사하는 자는 독재자다. 우리가 위대한 고관대작들에 관하여 이러쿵저러쿵 평가하는 일은 아니지만, 그럼에도 매우 통탄할 일이지만 우리는 우리가 지혜라고 부르는 것을 기독교 군주들에게 바라지 않을 수 없다. 그렇게나 많은 혁명, 그렇게나 빈번한 조약과 조약 파기, 그렇게나 자주 발생하는 혼란과 소요와 갈등과 위협과 불화는 과연 어리석음이 아니라면 달리 무엇 때문에 일어나는 것인가? 물론 모르긴 몰라도 이런 불행 일부는 우리 자신에게서 비롯된 것이다. 우리는 뱃일을 잘 아는 뱃사람에게만 노를 허락할 것인데, 그렇지 않으면 네 명의 승객 혹은 약간의 뱃짐이나마 위험에 처할 것이기 때문이다. 그런데 우리는 수천 명의 생명이 달린 국가를 아무에게나 맡기고 있다. 마부가 되기 위해서는 말을 모는 법을 배우고 익히고 고민해야 한다. 하지만 군주가 되기 위해서는 다만 그저 혈통을 타고나는 것으로 그만이다. 모든 과업 가운데 가장 아름다운 과업이라 할 왕업을 제대로 수행하는 일은 비교할 수 없을 정도로 무엇보다 어려운 일인데도 말이다. 당신은 배를 맡길 사람을 가려 뽑는다. 그러나 도시 전체를, 사람들 목숨을 맡길 사람을 당신은 가려 뽑지 않는다. 태어나면서 혈통이 왕자를 결정할 뿐, 그가 올바른 사람인지 미욱한 사람인지, 어리석은 사람인지 현명한 사람인지, 건강한 사람인지 정신이 이상한 사람인지 등은 오로지 운명에 달렸을 뿐, 그저 사람처럼 생긴 것만으로 그에게 세상에서 가장 중요한 사안을 맡긴다. 이런 사람의 결정에 따라 세상은 전쟁과 죽음으로 가득하며, 경건한 것이나 세속적인 것이나 만사가 혼란에 빠진다.

하지만 이런 세상은 전혀 바뀌지 않을 것이니, 그렇다면 차선책은 조심스럽게 교육하는 것이 아닐까 한다. 군주에 걸맞은 인물을 선택할 권한이 우리에게 주어져 있지 않으므로, 운명이 우리에게 군주로 강제한 인물을 군주에 걸맞은 인물로 만들도록 우리는 노력해야 할 것이다. 우리는 한 집안의 가장이 자식을 온갖 염려와 걱정으로 밤잠을 설쳐가며 교육하고 있음을 알고 있다. 그렇다면 그의 선악에 따라 모든 사람의 커다란 유익과 불행이 장차 결정되며, 그의 한마디 말에 따라 세상의 안녕과 파괴가 뒤바뀌게 될 사람이 과연 선한 사람이 될지 아니면 악한 사람이 될지를 결정하게 될 교육은 얼마나 더 중요한 일인가? 어떠한 가르침으로, 어떤 철학적 훈계로써 장차 군주 될 사람의 마음을 사전에 단련시켜 놓아야 하겠는가? 나라를 다스리다 보면 발생하는 온갖 역경을 이겨내기 위해서뿐만 아니라, 왕왕 오만과 어리석음을 유발하는 운명의 호의에 속지 않기 위해서, 제아무리 훌륭한 본성을 가진 사람일지라도 결국 그를 파괴하고 마는 쾌락을 이겨내기 위해서, 그리고 이런 것들보다 훨씬 더 중요한 것인데 군주가 아주 어리석은 경우에 아첨꾼들이 더욱 기승을 부려서 가져다 바치는 저주스러운 아부와 유독하기 이를 데 없는 '옳습니다'를 물리치기 위해서 말이다.

나로서는 아직 어릴 때부터 군주에게 어떤 매우 훌륭한 교사가 따라 붙어야 한다고 생각한다. 그러니까 아직 자신이 군주라는 것을 알지 못할 때부터 교육하지 않는다면 도대체 군주를 올바르게 교육할 수 없기 때문이다. 내가 주장하는 바는 진작부터 충분히 엄선하여 교육자를 선택해야 한다는 것이며, 우리에게 군주를 선택할 권한은 없고 다만 그를 교육하는 것만이 허락되었기 때문에 더욱 이런 일은 신중해야 한다는 것이다. 교육자는 아직까진 백지 상태인 유연한 마음에 군주다운 사상을 심어주기를! 정직에 관한 한 반듯한 판단을 길러주기를! 참된 군주와 독재자와의 차이를 보여주기를! 생명을 살리는 군주는 얼마나 하느님께 가까운 군주이며, 독재자는 얼마나 지긋지긋하고 혐오스러운 야수인지를 눈으로 실감하게 해주기를! 공익을 위해서가 아니라 자신을 위해서 권력을 행사하는 사람은 군주가 아니라 차라리 도적과 같으며, 해적과 해적 마음의 군주와는 아무런 차이가 없음을 군주에게 가르치기를! 후자가 더욱 큰 권력을 갖고 있으므로 사람들에게 더욱 큰 피해를 준다는 점을 제외하고는 말이다. 다만 지혜롭고 선한 사람임을 보여주는 것만으로도 얼마나 많은 사람에게, 모든 사람에게 얼마나 많은 도움을 줄 수 있는지를 그의 마음속에 심어놓기를! 기독교인들에게서 권력이란 국가 위에 군림하는 것이 아니라 다만 국가를 경영하는 것임을 가르치기를! 이를 통치라고 부르는바, 그리하여 자유민이자 기독교인을, 다시 말해 이중으로 자유로운 사람들을 군주는 자신이 통치한다는 사실을 명심해야 한다. 더불어 군주는 군주라는 자리가 태생만으로 충분하지 않으며, 조상들의 초상들만으로 충분하지 않으며, 권장과 왕관만으로 충분한 자리가 아님을 명심하기를! 지혜에 있어 탁월한 마음, 국가의 안녕을 위해 늘 근심하며 오로지 공익만을 생각하는 마음이 군주를 결정한다. 교육자는 군주를 가르치되, 어리석은 대중의 동의에 의해서도 아부꾼들의 칭송만으로도 자신을 평가하지 말라고 가르치기를! 군주는 증오나 사랑이나 분노 혹은 어떤 본능적인 감정에 따라 처신해서는 안 된다고 가르치기를! 관리를 선출하고, 법률을 제정하는 등 나머지 모든 일에 있어 군주는 오로지 한 가지, 다시 말해 정직과 공익을 위해 일해야 한다고 가르치길! 군주는 자신이 누구에게도 위해를 끼치지 않는 것으로 충분하지 않고, 자신의 신하들 또한 청렴함을 보여주도록 감독하는 것이 군주의 일임을 가르치기를! 군주의 칭송은 국가의 힘이 미치는 지역을 넓히고, 군대를 동원하여 이웃을 몰아내는 데 있지 않으며, 다만 얻게 된 나라를 정의와 근검과 여타 평화의 기술로써 번영할 수 있게 만드는 데 있음을 가르치기를! 교육자는 군주를 가르치되, 훌륭한 사람들에게 선행을 베풀도록, 용서하는 데 기민하도록, 처벌하는 데 있어 마치 친절한 의사가 가망 없는 사지를 잘라 내거나 불로 지지듯이 하도록, 국가에 명백한 해악을 크게 입힐 것이라고 예상되는 일 모두를 열심히 피하도록 가르치기를! 다른 무엇보다 군주는 모든 수단을 동원하여 전쟁을 회피해야 한다고 가르치기를! 왜냐하면, 다른 해악은 이런저런 해악을 낳지만, 전쟁은 악행 전부를 동시에 일으키기 때문이다. 이런 가르침이나 이와 유사한 가르침이 아직 어린 군주의 마음속에, 지혜로운 사람들의 지도편달과 칭송받았던 군주들의 예를 통해 각인되어야 한다.

하지만 지금 우리는, 그들의 교육이 만백성에게 아주 중요한 문제인 인물들이 어느 누구보다 함부로 부주의하게 교육받음을 알고 있다. 세상을 다스릴 운명의 갓난아이는, 통치자에게 어울릴 만한 것 무엇도 아이의 영혼에 넣어주지 못할 세상에서 가장 어리석은 여인들에게 맡겨져 있다. 선생이 올바르게 바로잡은 것이나 혹은 타고난 온유함을 그녀들은 망가뜨려, 아이가 왕자처럼, 다시 말해 제왕처럼 행동하게 만들어 버린다. 나아가 아부하지 않는 사람이 없으며, 맞장구치지 않는 사람이 없다. 고관들이 환호하며 관료들이 추종한다. 그리고 선생마저 조국의 안녕을 책임질 왕재를 만들 생각은 하지 않고 자신의 화려한 미래를 준비하며 아첨에 매달린다. 대중들이 고해신부라고 부르는 신학자도 주교 자리를 노리며 아첨에 참여한다. 고위 관리들이 비위를 맞추며, 놀이 동무들이 그리고 식사 동무들이 비위를 맞춘다. 카르네아데스는 이를 올바르게 지적했는바, 왕들이 제대로 배울 수 있는 것은 승마법 외에는 없다고 했다. 왜냐하면, 말만이 유일하게 왕족과 평민에게 차이를 두지 않고 왕에게 아부할 줄 모르며 말 등에 제대로 앉지 못하는 사람은 그가 누가되었든 낙마시키기 때문이다.

이내 자만심을 배우고, 오만불손함을 익힌다. 하고자 하는 일은 무엇이든 할 수 있다는 가르침을 받는다. 모든 이들의 모든 재산이 왕의 것임을, 왕은 법 위에 서 있음을, 왕의 마음속에 담긴 것은 뭐든지 법률이며 칙령임을 듣는다. 신성하신 존엄이네, 존귀하신 폐하네, 신격의 지체네, 지상의 신이네 등 이런 거창한 칭호들을 듣는다. 한마디로, 아직 어린아이임에도 불구하고 제왕놀음 이외의 다른 놀이는 배우지 못한다. 곧 소년은 소녀들 품속으로 끌려가며, 소녀들 모두가 그를 유혹하고 칭송하고 시중든다. 이때 여성스럽기 그지없는 동년배의 무리가 함께 어울려 소녀들에 관한 농담과 토론만이 펼쳐진다. 이것들에 이어 도박, 춤, 술잔치, 악기연주, 소풍이 이어져 이것들 가운데 일생의 황금기를 소비한다. 어쩌다 여가를 책 읽기로 소일하게 되더라도 할멈들의 동화나 이보다 더 해로운 이야기들을 읽는다. 어떠한 해독제도 준비하지 못한 채 그의 영혼은 이들로부터 무서운 해악을 끼친 왕들에 대한 경탄, 희랍어로는 열광을 흡입한다. 예를 들어 율리우스 카이사르 혹은 크세르크세스 혹은 알렉산드로스 대왕에 대한 열광을 말이다. 그리하여 이런 최악의 것들에 대한 최고의 즐거움을 얻는다. 이들로부터 광적인 충동을, 최악의 예를 얻는다. 가능하다면 생각해보자. 많은 것들로부터 가려 뽑았어야 했으나 그러지 못하고 집히는 대로 가져온 재능을, 심지어 아리스티데스의 재능마저 위축시킬 정도로 타락한 교육을, 수많은 아첨의 독을, 지혜와 서로 부합하지 않는 환락들을, 쾌락들을, 삶의 화려함을, 권력을, 사납게 제멋대로 최악의 것들로 향해 버릇하는 나이를, 그리고 마지막으로 극히 잘못된 생각으로 감염된 마음을 생각해보자. 이런 잘못된 기초훈련을 받은 그가 제대로 국가를 다스리지 못한다고 그게 뭐 그리 대단히 놀랄 일이겠는가?

사람들은 말한다. "청년은 언젠간 경험에서 배울 것이다." 하지만 군주는 비록 청년일지라도 '청년'이어서는 안 된다. 경험에서 얻어지는 모든 현명함은 통탄할 것인바, 군주의 그런 현명함은 무엇보다 통탄할 것이다. 만약 군주가 전쟁을 통해 전쟁은 어떤 수단을 써서든 피해야 할 것임을 배운다면, 나라를 다스리는 군주의 이런 현명함은 엄청난 대가를 치르게 될 것이다. 만약 군주가 사악한 자들의 경솔함 때문에 국가가 박살 나는 것을 보고서야 비로소 국가 관리는 정직한 사람들에게 맡겨야 함을 깨닫는다면 어떨까? 크세노파네스가 키타라를 치며 노래 부르길 배우는 사람들은 경지에 이르기까지 수많은 키타라를 망가뜨리고 부순다고 하였듯, 이처럼 군주는 국가의 몰락을 통해 통치를 배운다고 말해서는 안 된다.

그러므로 장차 일이 엉망진창 뒤집힌다 하더라도 전혀 놀랄 일이 아니다. 육체적 욕망이 정신에 의해 통제받아야 함에도, 오히려 격정들이 정신에서 시작되어 육체로 번져가더라도 말이다. 눈이 다른 신체기관들보다 시력이 떨어지고, 하느님을 대신하여 모두에게 안녕을 약속해야 할 사람이 모두에게 해로운 재앙이 되더라도 말이다. 혹 백성들이 세우고 군주가 전복시킨 위대한 국가들을 본 적이 없는가? 시민들의 부지런함으로 국가가 부유해지고 군주의 탐욕으로 망가진 것은 어떤가? 평민 관리들에 의해 훌륭한 국법이 세워지고 군주들에 의해 파괴되는 걸, 인민이 평화를 추구하고 군주들이 전쟁을 부추기는 걸 말이다.

제 생각에 이것들이, 어찌 된 영문인지는 너무 멀리 벗어나 버린 격언이 생겨난 연유였을 것이다. 이제 격언으로 돌아가 보

자. 이런 격언이 말해진다. "왕으로 태어나든지 아니면 바보로 태어나야 한다." 왜냐하면, 야만의 군주들은 실로 옛사람들이 말한 그런 사람들이었기 때문이다. 바라건대, 오늘날의 군주들은 그와 전혀 다르기를! 바보들에게는 지적 박약 때문에 모든 게 인용되며, 왕들에게는 권력 때문에 모든 게 칭송을 받는다. 또 이 격언을 군주들과 바보들의 동등한 행복에 관한 것으로 해석하는 경우도 있다. 왜냐하면, 군주들에게는 그들이 무엇을 원하든 운명이 그것을 충족시켜 주며, 바보들은 자신들에게 유복함이 전혀 없지 않다고 생각하는 자기애로 가득하여 군주 못지않게 행복하기 때문이다. 이 격언은 로마인들 사이에서 생겨난 것으로 보인다. 왜냐하면, 이들은 군주라는 명칭을 야만적이거나 독재정에 속한 것으로, 로마인들이 특히 열심히 추구하였던 공화정의 자유와 상충 되는 것으로 생각했기 때문이다.

❖ Adagia I iii 7
Quot homines, tot sententiae

사람 수만큼 생각도 다르다

테렌티우스의 이 격언보다 오늘날 더 널리 알려진 것도 없다. "사람 수만큼 생각도 다르다."[78] 테렌티우스는 또 "모든 사람은 제 나름의 길을 갖고 있다"고 적고 있다.[79]

페르시우스는 "사람은 수천 가지 각양각색이며 그 수만큼의 다른 삶이 존재한다. 바라는 것도 제각각이라 두 사람이 나란히 누워 있어도 소망은 같지 않다"고 하였다.[80]

마르티알리스는 그의 격언시에서 "문중의 땅을 양보할 사람은 있어도 자신의 의견을 양보할 사람은 없다"고 하였는데, 이 격언시도 같은 뜻을 전하고 있다.[81]

호라티우스는 이런 뜻에서 절묘한 비유를 남겼다. "내가 받은

78 테렌티우스, 《포르미오》 454.

79 테렌티우스, 《포르미오》

80 페르시우스, 《풍자시》 5, 52.

81 마르티알리스, 《풍자시》 8, 18, 9 이하.

세 명의 손님들은 어찌나 서로 다른지 그네들의 입맛이 다른 만큼 주문도 각색이라."[82] 호라티우스의 첫 번째 서정 시집의 첫 번째 서정시도 이런 뜻을 전하는데 사람마다 관심이 서로 달라 저마다 마음속에 바라는 바가 얼마나 다른지를 말하고 있다.

다시 테렌티우스는 《포르미오》에서 세 명의 조언자가 각기 말하길 "첫 번째는 좋다 하고, 두 번째는 나쁘다 하고, 세 번째는 가만히 더 생각해보자" 한다고 적고 있다.[83]

사도 바울은 저마다의 생각이 다름을 인정함으로써 당파 간의 논쟁을 피하도록 만들었다고 한다.[84] 따라서 오늘날 신학자들이 만약 바울의 이런 넉넉함을 조금이라도 배운다면 요즘 비일비재한바, 하찮은 문제로 그렇게까지 싸우고 갈라지지는 않았을 것이다. 이런 문제들은 그저 잊고 지내도 좋았을 것이며 잊는다고 신앙심에 흠결이 날 리 만무하기 때문이다.

에우리피데스의 《페니키아의 여인들》에도 이런 뜻을 전하는 말이 있다.[85]

공정함과 현명함을 모든 이들이 고루 나누고 있다면
사나운 언쟁일랑은 없을 터인데

---

82 호라티우스, 《서간시》 2, 2, 61 이하.

83 테렌티우스, 《포르미오》 449-457.

84 《로마서》 14, 5.

85 에우리피데스, 《페니키아의 여인들》 499행 이하.

오늘날 사람들에게는 의견의 '접근'이나 '합일'은 찾아볼 수 없고
어쩌다 말만은 서로 일치하더라도
행동은 곧 그들이 전혀 다른 의견임을 증명해준다.

또 에우리피데스는 《히폴뤼토스》에서 노래한다. "신이든 인간이든 각자 취향이 다르다."[86] 호메로스는 《오뒷세이아》 14권에서 노래하였다. "사람마다 희열을 만끽게 하는 일이 있으나 이는 또 사람마다 다 다르다."[87]

86 에우리피데스, 《히폴뤼토스》 104행 이하.

87 호메로스, 《오뒷세이아》 14권 228행.

❖ Adagia I iii 15
Sursum versus sacrorum fluminum feruntur fontes

신성한 강은 근원을 향해 흐른다

이 격언은 무언가 역전된 상황, 정상적인 질서와는 정반대인 경우를 가리킨다. 예를 들어 어린아이가 노인을 훈계한다거나 학생이 선생을 가르치거나 노예가 주인에게 명령할 경우이다. 이 격언은 에우리피데스의 비극《메데이아》에서 유래한다.[88]

신성한 강물은 거꾸로 흐르고
법도와 모든 것이 전도되는구나!
남자들은 속임수를 쓰고 신들의 이름으로 행한
맹세도 더는 굳건히 서지 못하는구나.

이런 말로써 비극의 합창대는 사물의 바른 질서가 거꾸로 섰다는 말을 표현하고 있다. 사내들은 아낙네의 잔꾀를 사용하여 자신이 내뱉은 말을 지키지 않고, 아낙네들은 사내들의 일에 감

88 에우리피데스,《메데이아》410-13, 천병희 역.

히 덤벼들고 있는 것을 지적하고 있다. 루키아노스는 그의 책《테르피온》에서 말한다.[89] 유산을 노려 노인네에게 아부하던 사람이 죽어 저승에 가 하계의 왕 플루토에게 불평하여 가로되, 자연의 질서가 무너졌다. 왜냐하면, 젊은이는 죽어 하계로 내려왔건만, 자신이 유산을 노리던 노인네는 아직도 멀쩡히 살아있다는 것이다. "이 경우는 강물이 거꾸로 흐른 경우입니다." 또한, 그의 책《변명》 중 〈부잣집에 머슴살이에 관하여〉라는 제목의 글에서 말한다. "하여간 당신이 지금 적어놓은 글과 당신의 현재 삶과는 엄청난 차이가 있군요. 사람들이 흔히 말하듯 이는 강물이 거꾸로 흐른 경우라고 할 수 있겠습니다. 모든 것이 뒤집혀 있고 변명은 오히려 더 심각한 상황이 벌어지길 기대하는 듯합니다."[90]

디오게네스 라에르티오스는 이 격언을 견유학파 디오게네스의 생애를 보고하는 자리에서 사용하고 있다. 디오게네스가 자신의 스승에게 편지를 쓰게 되었다. 이때 디오게네스는 아랫사람이 아니라 마치 윗사람인 양, 스승이 해서는 안 되는 것들을 명령하는 편지를 쓰고 있다. 그리하여 선생이 이 편지에 답하길 "신성한 강은 거꾸로 흐른다"라고 하였다. 다시 디오게네스가 답하여 가로되, "만약 당신이 아프고 당신이 돈이 있어 의사를 불렀을 경우, 당신은 '강이 거꾸로 흐른다' 따위의 대답을 쓰

89 루키아노스,《망령들의 대화》16, 2. '테르피온'은 이 책에 나오는 주인공이다. 에라스무스가 혼동하였던 것 같다.

90 루키아노스,《변명》1.

시겠습니까?"라고 하였다.[91]

아리스토텔레스는 이 격언을 그의 책《기상학》에서 사용하였다.[92] 베르길리우스는《아이네이스》에서 이 격언을 암시하며 "아우피두스 강은 아드리아 해에서 거꾸로 흐른다"라고 말하였다.[93] 세르비우스는 이 행을 주석하면서 여기에는 무언가 불합리한 경우를 나타내는 속담이 숨겨져 있다고 언급하였다. 호라티우스는 그의 서정시에서 이를 언급하였다.[94]

> 누가 아니라 하겠습니까? 거친 산으로
> 강물들이 거꾸로 흐른다. 티베르 강이
> 그렇다네. 만약 당신이 사 모은 고귀한
> 파나이티오스의 서적과 소크라테스의 가르침을
> 팔아, 많은 것을 약속하신 당신이 그것으로
> 스페인의 무기를 구하신다면.

포르퓌리오스는 여기서 속담이 사용되었다고 주석하고 있다. 오비디우스는《여인들의 편지》에서 다음과 같이 적었다.[95]

---

91 디오게네스 라에르티오스, 6, 36.

92 아리스토텔레스,《기상학》353b27.

93 베르길리우스《아이네이스》제11권 405행.

94 호라티우스,《서정시》1, 29, 10-16.

95 오비디우스,《여인들의 편지》5, 29-32.

파리스가, 살아생전 오에노에를 버린다면
크산투스의 강물은 거꾸로 흐른다 맹세하였던가?
크산투스 강이여! 거꾸로 흘러라! 강물이여, 네 원천으로
돌아가라! 오에노에는 버려졌고 파리스는 살아있도다.

프로페르티우스는 "강이 강물을 그 원천으로 다시 소환하였노라!"라고 노래하고 있다.[96]

96 프로페르티우스, 《사랑의 엘레기》 2, 15, 33.

❖ I iii 41
Fumos vendere

연기를 팔다

마르티알리스는 세련된 것 이상의 격언을 남겼다. 실물 대신 연기를 팔다. 친분을 통해 추천해줄 수 있다는 미끼로 군주들의 호의를 돈으로 팔다. 연기는 처음에는 대단히 큰 것으로 보이지만, 실은 곧 사라져버린다. 마르티알리스의 시구는 이렇다.[97]

> 궁전 주변에서 공허한 연기를 팔지 마라.
> 카누스를 칭찬하지, 글라퓌루스를 칭찬하지 마라.

큰일에 대해 바람을 부추기는 거짓과 과시를 우리는 '연기와 구름'이라고 부른다. 성 히에로뉘모스는 루피누스를 공격하여 말했다.[98] "그렇게나 많은 서적의 숲에서 당신은 묘목 하나, 풀 한 포기를 키워내지 못하는군요. 어떤 것들은 진짜 연기고 어떤 것

97 마르티알리스, 《격언시》 4.5.7~8.
98 히에로뉘모스, 《루피누스 반박》 3.39.

들은 구름이네요." 루피누스는 앞서 히에로뉘모스에게, 시인들의 작품을 마치 연기처럼 아무것도 이해하지 못할 수녀들에게 읽어 준다고 비난했었다. 하지만 히에로뉘모스는 루피누스가 모호하게 던져진 격언의 창을 명료하게 바꾸어 다시 던져주며 '연기'라는 단어의 모호함을 제거하고 '공허하고 거짓된 과시'임을 분명히 했다. 플루타르코스는《소크라테스의 정령》이라는 글에서 말했다.[99] "헛소리를 마치 철학의 연기처럼 소피스트들에게 퍼뜨렸다."

궁정 안에서 가장 큰 질병이라 할 이런 종류의 인간들을 아일리우스 람프리디우스는 황제 헬리오가발루스의 전기(傳記)에서 세련되고 뛰어나게 보여 주었다. 그의 말을 그대로 적으면 이렇다. "조티쿠스는 그의 수하로, 고관대작들이 모두 그들 마치 주군의 남편처럼 모실 만큼 중요한 인물이었다. 게다가 조티쿠스는 친분을 악용하여 헬리오바갈루스의 명령과 조치 등을 있는 대로 팔아치웠는바, 이 사람 저 사람에게 온갖 것들을 장담하여 모두를 속였다. 그는 이런 연기로 막대한 재산을 얻기를 희망했던 것이다. 헬리오바갈루스가 없는 곳에서 사람들 하나하나의 청을 들으며 그는 이렇게 말했다. '당신에 대해 이렇게 말했다. 당신에 관해 이렇게 들었다. 당신에게 이런 것이 있을 거다.' 이런 사람들은 마치 제왕과 대단한 친분을 쌓은 양, 훌륭했던 제왕은 물론

99 플루타르코스,《윤리》580b.

악한 제왕의 명성을 파는 자들이며, 이를 간파하지 못하는 제왕의 어리석음 혹은 순진함을 이용하여 악명높은 소문 소매업으로 먹고사는 자들이다." 아일리우스의 말은 여기까지다. 이 격언을 더욱 유명하게 만든 것은 투리누스 베르코니우스가 받은 형벌 때문이다. 그의 형벌에 관해서는 알렉산데르 세베루스의 전기를 기록한 아일리우스에 이렇게 전한다. "오후에 혹은 아침 일찍 황제는 혼자였다. 몇몇이 자신에 관해 거짓말을 해대는 걸 알게 되었기에 이들을 보려 하지 않았다. 특히 투리누스 베르코니우스를 만나려 하지 않았다. 황제는 그를 가까이 두었지만, 그는 모든 걸 꾸며내어 팔아먹고 있었다. 알렉산데르 세베루스가 마치 바보천치라도 되는 양 그가 황제를 제 뜻대로 좌지우지할 수 있으며 설득할 수 있다고 말하여 제왕의 명예에 누를 끼쳤던 것이다. 실제로 그는 모든 사람으로 하여금 자신이 눈짓 하나로 뭐든지 할 수 있다고 믿게 하였다. 마침내 그는 이렇게 체포되었다. 황제는 자신에 무언가를 공식적으로 요청하는 자를 투리누스에게 보내, 황제에게 은밀히 추천해 줄 것을 비공식적으로 청탁하게 시켰다. 이런 청탁이 들어오자, 투리누스는 추천을 약속했고, 이후 황제에게 실상 아무 말도 하지 않았으면서 뭔가를 말한 것처럼 거짓을 말했다. 그는 청탁대로 일이 진행될 것이라는 인상을 남겨 돈을 챙겼다. 황제는 다시 한 번 청탁을 넣을 것을 명했고, 투리누스는 뭔가를 생각하는 양 고개를 끄덕였지만, 실제 황제에게는 아무 말도 하지 않았다. 그런데도 청탁한 대로 일이 진행되자, 연기 장사꾼 투리누스는 청탁을 넣은 자에게서 엄청난 대가를 받아냈다. 알렉산데르는 투리누스를 고발하도록 명했다. 돈을 받을 때 함께 있었으며 약속할 때 들었던 증인들을 통해 모든 것이 백일하에 드러났고, 황제는 그를 통행 광장의 나무 기둥에 묶을 것을 지시했고, 젖은 지푸라기와 나무로 연기를 피워 그를 질식사 시키도록 명했다. 전령은 이렇게 말했다. 연기를 판 자는 연기로 처벌한다. 황제는 이런 조치가 어떤 이유에서든 잔혹해 보이지 않도록, 유죄판결을 내리기 이전에 사안을 아주 열심히 조사하였으며, 투리누스가 심지어 소송사건을 팔면서 소송당사자들 양쪽 모두에게 돈을 받았음을 알아냈다. 또 높은 직책 혹은 속주 총독직을 부여받은 모든 이들에게도 그러했음도 알아냈다." 이어 이렇게 적혀 있다. "황제는 이들 연기 장사꾼들에게 자신을 비방할 기회 혹은 자신 앞에서 다른 사람들을 비방할 기회를 주지 않았다. 특히 황제를 바보 멍청이인 양 팔아먹었던 투리누스를 처형함으로써 말이다." 통행 광장이 무엇인지를 아일리우스는 황제전의 다른 곳에서 이렇게 말하여 설명하고 있다. "연기를 팔아먹고 병사로부터 금화 100냥을 받은 사람을 황제는 십자가에 매달아 왕궁을 드나드는 사람들이 자주 지나다니는 길가에 세워두라고 명했다." 이런 종류의 형벌에 관해서 이렇게 전한다. 우리가 읽은바, "아비디우스 카시우스 황제가 처음으로 이런 형벌을 고안했다 한다. 그는 180페스 길이의 장대를 세우고 죄인들을 장대 꼭대기에서 아래쪽으로 길게 묶으며, 맨 아래에는 불을 피워 일부는 불에 타죽고 일부는 연기로 질식하고 일부는 두려움에 절명하도록 만들었다."[100] 전하는 것은 여기까지다.

무시무시한 형벌이지만, 그럼에도 불구하고 이런 무도한 악행에는 어울리는 형벌이다. 바라건대, 오늘날 군주의 왕궁은 물론 추기경의 집무실에는 여기저기 이런 역겨운 종류의 인간들이 득실거리지 않기를 나는 희망했다. 수많은 투리누스들은 물론이거니와 투리누스보다 더한 자들 말이다. 거짓된 약속으로 공직을 팔아먹으며, 나아가 데모스테네스처럼 침묵을 파는 자들 말이다. 더욱 나쁜 것은 이들이 이용하는 혀라는 맹독이, 약속된 공직의 대가로 뇌물을 제공한 자들까지 더럽힌다는 것이다. 바라건대, 우리 시대의 군주들이 알렉산데르 세베루스를 닮도록 노력하기를! 그는 이교도였으며 더군다나 쉬리아 출신이었으며 끝으로 아직 많이 어린 나이가 아니었지만, 그럼에도 불구하고 아첨꾼들, 밀고자들, 판결 절도범들, 연기 장사꾼들 등 궁정을 병들게 하는 무리들에게 분노하여, 참으로 관대한 성품을 가졌음에도 이번만큼은 절대 관대함을 보이지 않았다.

오늘날에도 궁정 냄새 풍기는 이들의 화려한 약속을 두고 격언이 만들어져 돌아다닌다. 사람들이 '궁정 냄새 풍기는 자'이라

100 불카니우스 갈리카누스, 《아비디우스 카시우스 황제전》 4.3.

고 말하는 것이 그것인데, 이것은 미사 집전 중에 피워놓은 향로에서 퍼진 연기 냄새를 지시하는 말이다. 이것은 "연기를 팔다"라는 격언과 크게 다르지 않다. 궁정 냄새 풍기는 자들의 성수(聖水)란 말도 마찬가지인데, 성당의 문앞에 놓아 들어가는 사람이나 나오는 사람이 자신에게 뿌리도록 한 성수를 이렇게 쓴다.

❖ Adagia I iii 46
Contra stimulum calces

작대기를 발로

"작대기를 발로"[101]라는 격언은 "헛되이 이길 수도 없는 사람에게 덤벼들다" 내지 "한번 건드리면 대단히 위험한 사람을 자극하다" 내지 "운명에 거슬러 닥친 불행을 참아내지 못하여 마침내 불행에서 벗어나기보다 불행에 더욱 깊이 빠져들다"라는 뜻이다. 예를 들어 성질이 고약한 여자를 아내로 맞아들여, 쉼 없이 그녀와 다투어 그녀를 다스리지는 못하고 마침내 더욱 성질 고약하고 드센 여자를 만들어 버리는 경우를 들 수 있다.

테렌티우스는 《포르미오》에서 말한다. "이는 그야말로 어리석은 일이다. 작대기를 발로."[102] 도나투스는 여기에 주석을 달기를, "이 격언은 생략법이 적용되었다. 즉 '걷어차다'라는 단어가 생략되었다"고 하였다. 여기에 해당하는 희랍어는 락티제인 lactizein이다. 플라우투스는 《투루쿨렌투스》에서 말한다. "작대기에 주먹을

101 제노비오스, 《격언 선집》 5, 70.

102 테렌티우스, 《포르미오》 77.

내지르는 사람에게 손은 더 많은 고통만을 가져다줄 뿐이다."[103] 이 격언은 〈사도행전〉에도 등장한다. "우리가 다 땅에 엎드러지매 내가 소리를 들으니 히브리 방언으로 이르되, 사울아, 사울아 네가 어찌하여 나를 핍박하느냐 가시 채를 뒷발질하기가 네게 고생이니라" 하고 말씀하신즉슨, 하느님을 부정하는 일은 참으로 어려운 일이다.[104] 에우리피데스는 《바쿠스의 여인들》에서 말한다.[105]

나 같으면 차라리 그분께 제물을 바치지, 화가 나서
한낱 인간인 주제에 신에 대항하여 작대기를 차지는 않겠소.

핀다로스는 《퓌티아 찬가》에서 노래한다.[106]

그러나 작대기를 발로 걷어찬즉슨,

이 은유는 농부들이 앞이 뾰쪽한 막대기로 소를 몰아가던 일에서 유래한다. 이런 연유에서 그 막대기를 '소 작대기'라고 부르기도 한다. 격언 중에 "소 작대기는 지천으로 널렸는데, 농사지

103 플라우투스, 《투루쿨렌투스》 768.

104 〈사도행전〉 24, 14.

105 에우리피데스, 《바쿠스의 여인들》 794행 이하.

106 핀다로스, 《퓌티아 찬가》 2, 94행 이하.

을 농부는 가뭄이다"라는 것도 있다.

만약 황소가 성질이 나서 작대기를 머리로 들이받는다면 결국 상처만 입을 뿐이며, 작대기에는 어떤 상처도 입히지 못하고 말 것이다. 플라우투스는 《분노를 누그러뜨리는 법에 관하여》에서 권투선수였던 크테시폰이라는 자가 어느 날 길에서 나귀가 그를 걷어차자 몹시 화가 치밀어 자신도 마찬가지로 나귀를 걷어찼다고 한다.[107]

107 플라우투스, 《분노를 누그러뜨리는 법에 관하여》 467a.

❖ I iii 86
Omnium horarum homo

사계절의 인물

진지하면서 동시에 재미있는 사람이면서 다른 이들이 그와 기꺼이 어울려 지내길 바라는 사람을 두고 옛사람들은 사계절의 인물이라고 불렀다. 퀸틸리아누스[108]는 아시누스 폴리오가 이렇게 불렀다고 전해준다. 수에토니우스[109]에 따르면 티베리우스 황제에게는 두 명의 그런 친구들이 있는데, 이들은 언제나 유쾌한 사람들로서 사계절의 친구로 불렀는바, 심지어 황제 칙령에도 그런 별명으로 적혀 있었다고 한다. 엔니우스는 게미누스 세르빌루스를 염두에 두고 이런 종류의 친구를 세련되면서 동시에 생생하게 묘사하였다. 그의 시가 겔리우스의《아티카의 밤》제12권 4장에 전해지는데 나는 여기에 이를 옮겨적음에 힘겨운 줄 모르겠다.

108 퀸틸리아누스,《수사학 연습》6.3.110.

109 수에토니우스,《12황제전》,〈티베리우스〉42.

이렇게 말하며 그를 불렀다. 종종 기쁘게
식사와 담화를 나누며 자신과 관련된 일들을
기꺼이 함께 하던 그를. 하루 중의 큰 마지막
부분이 되었다. 처리해야 할 많은 대소사 가운데
부분적으로 행해져 크고 작은 일들에 관한
논의가 광장과 원로원에서 펼쳐진 연후에.
그에게 거침없이 크고 작은 일들을, 농담을
이야기했고, 악담에 젖은 것이나 칭찬의 말들을
쏟아냈고, 무엇이든 안심하고 말했다.
내놓고 숨기고 그와 즐겁게 시간을 보냈다.
말에 끌려 악을 행할 위인이 결코 아닌 사람.
사소한 악이라도. 전혀 악하지 않으며 동시에
학식과 신의를 갖춘 유쾌한 능변의 인물.
자족하며 행복하고 영리하며 때에 맞는 걸
말할 줄 알며, 유익하고 말수가 적은 사내.
옛것을 지키며, 땅에 묻혀 종종 세월이
이룩한 것을, 신구의 풍속을 지키는 이를,
신과 인간의 많은 옛 법도에 밝은 이를,
말할 줄도 침묵할 줄도 아는 이를 지키는 사람.

철학자들 가운데 이런 사람으로 꼽히는 이가 아리스팁포스[110]다. 그는 디오뉘시오스의 명에 따라, 플라톤은 박코스 축젯날에

110 디오게네스 라에르티우스, 2.78.

도 점잖음을 잊어서는 안 된다고 거부했지만, 다른 사람들은 물론 여성스러운 고관들과도 춤추길 마다치 않았다. 이에 호라티우스는 말했다. "모든 색깔이 아리스팁포스와 어울린다."[111] 이와 반대로 제 나름의 원칙을 갖고 누구와도 잘 어울리지 못하는 사람은 예를 들어 테렌티우스에서처럼[112] '극소수의 인물'이라고 불린다. 한편 호라티우스에서는 이렇게 전한다. "우리가 말하여 그는 상식이 부족한 인물이다."[113]

111 호라티우스, 《서간시》 1, 17, 23.

112 테렌티우스, 《환관》 409.

113 호라티우스, 《풍자시》 1, 3. 66.

❖ Adagia I v 4
Evitata Charybdi in Scyllam incidi

카륍디스를 피하다 스퀼라에게 잡히다

카륍디스를 피하려다 나는 스퀼라에 잡혔다. 더욱 큰 위험을 피하고자 덜 위험한 쪽을 택하는 경우에 쓰는 격언이다. 이 격언은 호메로스의 작품으로 잘 알려진 오뒷세우스 모험 이야기에서 연유한다. 호메로스가 전하는바, 오뒷세우스는 카륍디스를 두려워하여 스퀼라 쪽으로 가깝게 배를 몰아갔고 동료 선원들 가운데 여섯 명을 이 괴물에게 잃었다고 한다.

몇몇 시인들이 남긴 기록에 의하면 스퀼라는 니수스의 딸이며 아버지의 금빛 곱슬머리를 훔친 죄의 대가로 바다 괴물이 되었다고 한다. 파우사니아스가 그의 책 《코린트》 부분에 이렇게 기록하였다.[114] 이런 전승과 일치하는 시구를 베르길리우스는 목가시에 남기고 있다.[115]

---

114 파우사니아스, 《희랍 유람》 2, 34, 7.

115 베르길리우스, 《목가시》 6, 74 이하.

무엇을 노래하랴? 니누스의 악명 높은 딸 스퀼라에게
짖어대는 개들이 그녀의 아름다운 허리를 감고 있어,
바다 괴물, 개들에게 겁먹은 뱃사람들이 죽어간다.

세르비우스는 다음과 같이 전한다. 스퀼라는 포르쿠스와 요정 크라테이스의 딸로 키르케가 한 남자를 사이에 두고 스퀼라를 질투하여 요정들이 목욕하는 샘물에 독약을 풀었고, 스퀼라는 이를 모르고 그 물에 목욕하여 허리 아래 하반신이 끔찍한 짐승의 모습으로 변하였다. (사람을 짐승으로 바꾸는 것은 키르케의 전형적인 행동이다.) 이를 비관하여 그녀는 바다에 빠져 죽었다. 이후로 그녀에 관한 전설이 생겨났다.

진실로 어떤 일에서 이런 설화가 생겨났는지 여러 사람은 각자의 의견을 가지고 있다. 살루스티우스는 바닷가에 바위가 있어 멀리서 보면 여인과 같으며 이 바위에 파도가 부서지는 소리가 마치 개 짖는 소리처럼 들렸기에 그런 전설이 생겨났다고 적고 있다. 희랍 신화를 모아놓은 책에서 나는 스퀼라라는 명칭이 희랍어 '스퀴레우에인 skuleuein, 약탈하다'라는 단어에서 생겨났으며, 눈이 휘둥그레질 정도로 빠른 삼단 노의 선박에 붙여진 이름이었다는 사실을 읽었다. 이 배를 타고 해적들이 튀렌눔의 바다와 시켈리아의 바다를 불안하게 만들었고, 그 옆을 지나던 그 어떤 배도 무사할 수 없었다고 한다. 그리하여 이런 말이 생겨났다

고 한다.[116]

카륍디스는 시인들이 전하는바, 탐욕스러운 여인의 모습을 가진 괴물이다. 헤라클레스의 소들을 훔쳐 먹고 유피테르의 벼락을 맞고 죽었다. 이때 바다에 빠지게 되었는데 다만 그녀의 성격만이 바다에 남게 되어 카륍디스는 모든 것을 빨아들인다고 한다. 그리고 그녀는 빨아들인 모든 것을 다시 타오르미나의 해안가에 내뱉는다고 살루스투스가 전하고 있다.[117] 이런 의미에서 호라티우스는 돈을 밝히고 욕심이 사나운 창녀를 '카륍디스'라고 부르고 있다.[118]

> 너 가련한 이여,
> 카륍디스의 구렁텅이에 말려들었구나
> 더 나은 열정이 네게 어울릴 소년이여.

스퀼라는 이탈리아 반도에, 카륍디스는 시켈리아 섬 쪽에 자리 잡고 있다고 세르비우스는 말한다.[119] 베르길리우스는 그의 책 《아이네이스》 제3권에서 두 마리 괴물이 도사리고 있는 좁은 해

116 살루스티우스, 《단편》 27.

117 살루스티우스, 《단편》 28.

118 호라티우스, 《서정시》 1, 27, 18 이하.

119 세르비우스, 《베르길리우스 〈아이네이스〉 주석》 3, 420.

협을 다음과 같이 훌륭하게 묘사하고 있다.[120]

좌우 대지는 일찍이 불가항력 커다란 침하에
(긴 세월의 무게는 많을 걸 바꾸어놓는 법이니)
갈라졌다 하는데, 멀고 먼 옛날 좌우 대지는
하나였으되, 바다가 억지로 끼어들어 물살로
저녁 땅과 시킬랴를 잘랐더니, 들판과 도시를
좁은 해협으로 나눠놓고 밀려왔다 흘러간다.
우측에 스퀼라. 좌측에 욕심 사나운 카륍딧이
도사리다, 심연의 나락으로 휘돌아 세 번 커다란
파도를 빨아들이고 다시 이를 매번 허공중에
쏘아대며, 바닷물을 휘둘러 별들을 때린다니.

그리고 또 다른 자리에서,[121]

한편 헬레눗의 지시대로 스퀼라와 카륍딧의
사이로—양쪽 길 모두 죽음에서 멀지 않아—
항로를 잡지 않았다.

《오뒷세이아》 제12권에서 키르케는 오뒷세우스에게 카륍디스를 피하여 스퀼라에게 붙어서 항해하도록 지시한다. 여섯 명을

120 베르길리우스, 《아이네이스》, 제3권 414행 이하.

121 베르길리우스, 《아이네이스》, 제3권 685행 이하.

잃는 것이 모두를 잃는 것보다 이롭기 때문이다.[122]

> 그녀가 물을 빨아들일 때 그대는 그곳에 가지 마세요.
> 대지를 흔드는 신도 그대를 재앙에서 구해주지 못할 테니까요.
> 그러니 그대는 스퀼라의 동굴 쪽으로 다가가서 얼른 배를 몰아
> 그 옆을 통과하도록 하세요. 배 안에서 여섯 명의 전우를 잃는 편이
> 한꺼번에 모든 전우를 다 잃는 것보다는 훨씬 나을 테니까요.

사람들은 이 격언을 세 가지 방식으로 사용할 수 있다. 우선 어떤 사람이 두 가지 위험 중에 더욱 작은 것을 선택함으로써 그래도 자기 자신을 보존할 수 있는 궁색한 처지에 놓였을 경우, 다시 말해 오뒷세우스처럼 더 작은 손해를 기대할 수 있는 것을 선택하도록 경계하는 경우이다. 예를 들어 다음의 경우도 이에 해당하지 않을까 싶다. 재산과 생명 가운데 어떤 것 하나만을 선택해야 하는 경우, 재산의 상실은 여하한 방식으로도 나중에 되찾을 수 있겠지만, 생명이란 한번 잃으면 영원히 되찾을 수 없으므로 재산을 포기하는 것이 올바른 선택일 것이다. 두 번째로는 진퇴양난의 복잡 미묘한 문제에 사로잡힌 경우를 가리킨다. 그 어느 쪽으로부터도 손해를 입지 않기 위해서는 매우 신중을 기해야 한다. 이 경우에는 어느 쪽 위험이 더 크고 작은가가 논의의

122 호메로스《오뒷세이아》제12권 106행 이하.

대상이며 다만 양쪽에 위험이 도사리고 있음이 강조된다.

첫 번째 경우를 위한 예를 한번 들어보자. 병마의 카륍디스를 피하는 대신 손실의 스퀼라에 빠지는 것이 훨씬 나은 법이다. 경제적인 파산에— 즉 스퀼라에 빠지는 것이 불명예의 카륍디스에 빠지는 것보다 낫다 하겠다. 두 번째 경우를 위한 예를 한번 들어 보자. 당신은 인민 대중을 위해 봉사하되 왕후장상들이 당신을 향해 공격하지 않을 만큼 처신해야 한다. 일하되 외교적으로 조심스럽게 접근하여 스퀼라와 카륍디스 사이를 빠져나가야 한다.

세 번째 방식은 일종의 반전이다. 당신의 공부가 아직 충분히 완성되지 않았음에도 불구하고 당신이 어쩌다 감당하지 못할 일에 부름을 받은 경우이다. 스퀼라를 피하려다가 졸지에 카륍디스에 빠지는 경우이다.

이 격언이 라티움 어로 율격에 맞추어 번역되어 널리 퍼져 있다. 그것이 어느 작가에 의해 만들어졌다고 하는데 이 순간 나는 그의 이름이 머리에 떠오르지 않는다.[123]

스퀼라에 그는 잡히었도다. 카륍디스를 피하기를 바랐으나.
Incidit in Scyllam, cupiens vitare Charybdim.

123 Gualth. Castell. Alexandreis 5, 301.

❖ Adagia I v 5
Fumum fugiens in ignem incidi

연기를 피하다 불 속에 떨어지다

이 격언은 얌보스의 세 걸음 운율을 가지고 있다. 그 의미에 있어 앞서 언급한 격언과 매우 가깝다.[124] 루카아누스는《강신술》이라는 책에서 "나는 나 자신이 격언에서 말하는 것처럼 그렇게 연기를 피하다 불에 빠질 줄은 몰랐다"고 적고 있다.[125] 플라톤은《국가》제8권에서 자유민의 지배에 복종하려 들지 않는 백성들은 연기를 피해 불꽃 속에 빠지듯 노예의 폭력에 강제로 복종하게 된다고 말한다.[126] 호라티우스는 그의《풍자시》에서 이와 유사한 말을 언급한다. "잘못을 피하려다가 헛되이 어리석게도 다른 잘못이 너를 괴롭힌다."[127] 또《시학》에서는 "기술이 없으면 잘못을 피하려다 다른 실수를 저지르게 된다"고 하였다.[128] 플루타르

---

124 Adagia I v 4.

125 루카아누스,《강신술》4.

126 플라톤,《국가》569b.

127 호라티우스,《풍자시》2, 2, 54이하.

128 호라티우스,《시학》31.

코스는《과도한 수줍음에 관하여》에서 "과도한 수줍음은 반드시 뻔뻔함이라는 연기를 피하려다 불에 떨어지는, 즉 더 큰 불운을 겪게 된다"고 썼다.[129]

129 Plut. vit. pud. 532d.

❖ Adagia I v 18
Multa novit vulpes, verum echinus unum magnum

여우는 많은 꾀를 알고 있지만 고슴도치는 큰 것 하나를 알고 있다

여우는 많은 꾀를 알고 있다. 하지만 고슴도치는 큰 것 하나를 알고 있다. 제노도토스는 이 말을 아르킬로코스로부터 인용하였다.[130] 재주가 출중하고 꾀가 넘치는 사람이 온갖 일에 관여함을 보여주려 할 때나, 온갖 일에 참견하는 사람에 비해 한 가지 일에 깊은 통찰력을 갖고 집중하는 사람이 훨씬 더 많은 것을 성취함을 보여주고자 할 때 쓰이는 말이다. 여우는 다양하고 기상천외한 방법으로 사냥꾼을 속이지만 마침내 붙잡히곤 한다. 하지만 고슴도치는 오로지 한 가지 방법만으로 사냥개의 이빨을 피한다. 즉 몸을 둘둘 말고 가시 바늘을 세우면 누가 그들을 잡을 수 있겠는가? (여기서 내가 고슴도치라고 해석하고 있는 에니쿠스enichus를 바다에 사는 섬게와 혼동하지 않도록 하시오.) 제노도토스 또한 이 격언과 관련하여 비극작가로 알려진 키오스

130 제노비오스, 《격언 선집》 5, 68.

의 이온을 언급하고 있다. 아테나이오스도 이 비극작가의 작품 《포이니키아》에서 다음을 인용하고 있다.[131]

> 뭍이라면 사자를 칭송하겠고
> 그보다 더 많이 고슴도치를 칭송하겠소.
> 그는 남모를 짐승의 기미가 보이면
> 몸을 말아 마치 공처럼 만든다오.
> 그러면 감히 누가 그를 건드릴 엄두가 나겠소.

플루타르코스는 이 격언과 시를 《육지 또는 바다 동물이 더 영리하다면》이라는 그의 작품에서 언급하고 있다.[132] "고슴도치가 저 자신을 방어하고 보호하는 방법에서 다음과 같은 격언이 생겨났다. '여우는 많은 꾀를 알고 있지만, 고슴도치는 큰 것 하나를 알고 있다.' 여우가 다가오자, 고슴도치들이 '몸을 말아 마치 공처럼 만든다오. 그러면 감히 누가 그를 건드릴 엄두가 나겠소'라고 노래했다." 플루타르코스든지 아니 그 누구든지 이 책을 쓴 저자는 이 시행 밑에 자신의 몇 마디 말을 덧붙이고 있다. 내가 이를 밝히는 것은 나의 실수라는 의심을 받을까 두렵기 때문이다. 고슴도치의 영리함과 현명함을 실로 충실히 기록한 사람은

131 아테나이오스, 《현자들의 저녁 식사》 3, 91d-e.

132 플루타르코스, 《윤리》 971e-f.

플리니우스이다. 플리니우스가 말하길,[133]

> 고슴도치는 먹을거리를 준비하는데, 예를 들어 땅 위에 놓여있는 사과들 위로 몸을 굴려 제 가시로 사과를 찔러 모은다. 몇몇 사과는 바로 먹어치우지만 몇몇 사과는 속이 빈 나무에 가져다 모아둔다. 고슴도치가 구멍으로 기어들어 가면 바람이 북풍에서 남풍으로 바뀜을 알려준다. 사냥꾼이 나타나면 주둥이와 발과 기타 등등 부드러운 털로 덮여 있는 부분을 말아서 몸 전체를 공처럼 만들어 그의 몸에는 온통 날카로운 가시들로 뒤덮이고 만다. 궁지에 몰릴 경우 제 아랫도리나 가시 등이 더럽혀지고 손상되는데도 불구하고 오줌을 방출한다.

이보다 저 자세한 것을 알고 싶으신 분들은 제가 언급한 책을 한번 읽어보시기 바란다. 이 격언이 참말임을 절감할 만큼 자세한 내용이 실려 있다.

바다에 사는 섬게도 그 영리함으로 유명하다. 바다가 거칠어질 것을 예감한 섬게는 돌을 모아 저 자신을 돌 아래 두어, 돌의 무게를 이용하여 물에 밀려가는 것을 막는다. 섬게의 가시는 아무리 굴러도 닳아 없어지지 않는다. 뱃사람들은 섬게가 이런 행동을 하는 것을 보면 우선 닻을 내려 배를 단단히 고정하곤 한다. 플리니우스는 그의 책 제9권 제11장에서 이를 언급하고 있다.

---

133 플리니우스, 《자연학》 8, 133-4; 9, 100.

여우는 영리하며 많은 잔꾀를 가지고 있다. 우리는 이를 우화를 통해 확인할 수 있는데 특히 플루타르코스가 그의 책《윤리》에서 다음의 우화를 전하고 있다.[134] 한번은 표범이 여우의 가죽을 깔보며 제 가죽을 추켜세워 제 가죽이 다양한 문양과 화려한 색채를 가지고 있다고 주장하였다. 여우는 대답하여 말하길 표범의 아리따운 장식은 겉가죽에 달라붙어 있지만, 자신의 그것은 마음속에 새겨져 있다고 하였다. 사실이지 화려한 문양의 가죽을 가지고 있는 것보다 영리한 두뇌를 갖는 편이 훨씬 낫다 하겠다. 희랍 사람들은 영리하고 재주 많은 사람을 포이킬로프론 poikilophron 또는 포이킬로메티스 poikilometis라고 부른다.[135] 라티움 어로는 바페르 vafer와 베르시펠리스 versipellis가 있다.

또 이와 흡사한 다른 이야기가 전한다. 여우가 고양이에게 말하길, 자신은 사람들이 자신을 꾀주머니라고 부를 정도로 많은 꾀를 가지고 있다고 자랑했다. 고양이는 위험에 대처하는 단 하나의 재주밖에 가진 것이 없노라 대답했다. 그들이 이렇게 이야기를 나누고 있는 사이에 사냥개들이 들이닥치는 소리가 났다. 고양이는 즉시 높은 나무로 뛰어 올라갔다. 그사이 여우는 사냥개들에게 포위되어 잡히고 말았다. 즉 어떤 일을 성취하는 데 그렇게 많은 꾀는 필요하지 않다. 한 가지 효과 만점의 방책이 있으

134 플루타르코스,《윤리》155b; 500c.

135 '포이킬로—'라는 말은 '다양한 색깔을 가진'이란 뜻이다.

면 충분하다. 가난한 위인은 어쩌면 백 가지 꾀로야 아름다운 여인을 얻을지도 모른다. 하지만 돈 많은 위인은 오로지 그것 하나로 충분하다. 즉 오비디우스가 말했던 것처럼 돈 많은 위인은 여인에게 "여기서 원하는 것 아무거나 집어 드시오"라고 말하면 그만이다.[136]

136 오비디우스, 《사랑의 기술》 2, 161-3.

❖ Adagia I v 26
Necessarium malum

필요악

앞선 격언[137]과 비슷한 격언이 '필요악'이다. 어떤 일에는 저들의 손이 필요하므로 없으면 불편하지만, 그렇다고 성격이 바르지 못해 사귈 수 없는 인간들을 두고 이런 말을 사용한다. 이 말은 아마도 스트라보 Strabo가 그의 책 제14권에서 언급하고 있는 휘브레아스 Hybreas라는 사람 때문에 생겨난 말일 것이다.

에우튀다모스가 일종의 참주정을 수립하였을 때, 한편으로 많은 측면에서 도시를 위해 유익한 일을 하였으며, 그 잘한 점과 잘못한 점을 저울에 올려 보면 얼추 균형을 유지하였다. 이때에 휘브레아스라는 연설가가 한번은 다음과 같이 말했다. "당신은 우리 도시의 필요악이다. 왜냐하면, 우리는 당신과 함께 살 수 없으며 그렇다고 당신 없이도 살 수 없기 때문이다."[138]

유사한 말을 황제 알렉산데르 세베루스가 그의 재무담당자

137 Adagia I v 25 〈나는 늑대의 귀를 잡았다〉

138 스트라본, 《문학 선집》 14, 2, 24.

들을 두고 언급하였다. 한번은 황제가 재무 담당직을 모두 없애 버리려고 하였다가 국가를 위해 이 정도의 손실을 감수하지 않을 수 없음을 깨달았다고 한다. 그야말로 필요악이었다.[139]

그런 의미에서 푸블리우스 코르넬리우스 루피누스도 또한 필요악이었다. 그는 사기꾼이며 재산을 탐하였다고 한다. 하지만 이 사내는 다른 한편 탁월한 장수였다고 한다. 파브리키우스 루스키누스는 전쟁터에서 적에게 죽임을 당하는 것보다 이 사내에게 돈을 뜯기는 편이 차라리 낫다고 말했다고 한다. 이에 관해서는 겔리우스의 책 제4권[140]과 키케로의 《연설가에 대하여》 제2권[141]에 전하고 있다.

이 격언은 또한 여인들에게도 적용될 수 있다. 왜냐하면, 여인들과 함께 사는 것은 불편하기도 하지만 다른 한편 여인들 없이 국가란 존재할 수 없기 때문이다. 또한, 어떤 물건에도 적용할 수 있다. 예를 들어 약은 쓰지만 다른 한편 없어서는 안 될 것이다. 에우리피데스는 《오레스테스》에서 다음과 같이 적고 있다. "이 일은 고통스럽기는 하지만 피할 수 없다."[142] 이런 것들을 적다 보니 플리니우스가 그의 책 제18권 제6장에 적어놓은 신탁이 떠오른다. "최고의 수확을 얻기 위해 어떻게 밭을 갈아야만 하느

---

139 Lampr. Alex. 46, 5.

140 겔리우스, 《아티카의 밤》 4, 8.

141 키케로, 《연설가에 대하여》 2, 268.

142 에우리피데스, 《오레스테스》 230.

냐는 물음에 신탁이 '최선의 악으로'라고 대답하였다."[143]

143 플리니우스, 《자연학》 18, 39.

❖ Adagia I v 29
Magis mutus quam pisces

물고기처럼 말 벙어리로

이 비유는 언어 표현에 특별히 재주가 없고 남들 앞에서 좀처럼 말을 못하는 사람들을 두고 생겨났다. 또한, 심할 정도로 말이 없는 사람들에게도 딱 어울리는 말이다. 호라티우스는 그의 《서정시》[144]에서

말 벙어리 물고기들에게조차
원하면 백조의 목소리를 줄 수 있다.

왜냐하면, 물고기는 아주 드문 예외 말고는 전혀 소리를 낼 수 없기 때문이다. 이 예외적인 종자에 바다표범 Canis marinus이 속한다. 루키아노스는 《무지한 자들을 비판함》에서 "정반대로 당신은 물고기처럼 묵묵하다"고 적고 있다.[145] 또한 《닭》에서 "그렇

144 호라티우스, 《서정시》. 4, 3, 19 이하.
145 루키아노스, 《무식한 책 수집광》 16.

다면 나는 물고기보다 더 말 없는 사람이 될 것이다"고 쓰고 있다.[146]

플루타르코스는 《향연》에서 추측하여 말하였다. 피타고라스 학파는 물고기에게서 자신들이 지켜야 할 침묵의 계율을 발견하고는 물고기를 먹지 않았다. 침묵이야말로 물고기를 다른 동물과 구분하는 특징이라 할 수 있다. 왜냐하면, 다른 모든 짐승은 나름대로 목소리를 가지고 있기 때문이다. 새들로 말하자면 많은 수가 우짖을 수 있으며 심지어 사람의 목소리를 흉내 내기조차 한다.[147] 들짐승 중에서 이집트에 사는 소위 '사람 사냥꾼'이라는 짐승도, 플리니우스의 말을 믿을 수 있다면, 사람의 목소리를 낸다. 오로지 유일하게 물고기만이 목소리가 없다.[148]

이에 대해 아리스토텔레스는 다음과 같은 이유를 내세운다. 즉 물고기는 허파와 호흡기와 후두를 전혀 갖고 있지 않기 때문이라는 것이다. 물론 몇몇 물짐승, 예를 들어 돌고래, 뤼라[149], 민어, 바다표범(아테나이오스의 책 제7권에 따르면 그 목소리 vox 때문에 '보카 voca'라는 이름을 얻었으며 헤르메스 신에게 바쳐졌다고 한다), 가리비 등은 웩웩거리는 소리를 내기도 한다. 하지만 아리스토텔레스가 생각한 바로는 이런 소리는 진정한 의미의 음

146 루키아노스, 《꿈 혹은 닭》 1.

147 플루타르코스, 《향연》 728e.

148 플리니우스, 《자연학》 8, 107.

149 뤼라는 보통 악기 이름이나, 여기서는 물고기의 이름을 나타낸다.

성기관을 통해 나오는 소리가 아니라 아가미를 마찰시키거나 복부 주위의 가시를 통해 나오는 소리이다.[150]

플루타르코스는 희랍어에서 물고기를 의미하는 '이히투스' ichthus라는 단어가 소리를 '막다'라는 말에서 나왔다고 생각한다. 그리고 루키아노스는 《알퀴온》에서 "물속에 사는 모든 것은 벙어리다"라고 말한다.[151] 아테나이오스는 《현자들의 저녁 식사》 제8권에서 페트라의 무나세아스를 증인으로 내세워, 아르카디아 지방의 클리토르 강에는 목소리를 가진 물고기가 살고 있다고 말한다. 그리고 필로스테파노스를 내세워 포니아 Fonia라는 도시를 가로지르는 아오르노스 강에는 화려한 무늬를 가진 물고기가 살고 있는데 이 물고기는 마치 지빠귀처럼 지저귄다고 전한다. 하지만 아리스토텔레스는 물고기들은 바늘돔이나 바다표범을 제외하면 소리를 낼 수 없다고 주장한다.

옛사람들은 물고기를 '엘롭스' ellops라고 불렀다. 왜냐하면, 소리를 낼 수 없기 때문이다. '일레타이' Illesthai는 '억제하다'라는 뜻이며 '옵스' ops는 '목소리'를 의미한다. 테오크리토스는 '엘로피에우에인' ellopieuein이라는 단어를 '낚시하다'라는 뜻으로 사용한다. 아테나이오스는 여기에 덧붙여 피타고라스학파가 전적으로 모든 동물을 피한 것은 아니며, 때로는 식용으로 때로는 제사용

150 아리스토텔레스, 《동물학》 535b14.

151 위-루키아노스, 《알퀴온》 I.

으로 동물을 사용하였으나, 물고기는 손도 대지 않았다고 전한다. 왜냐하면, 물고기는 피타고라스학파에 신성한 동물인데, 피타고라스학파가 가르치는 침묵을 익힌 짐승이기 때문이다.[152]

152 아테나이오스, 《현자들의 저녁 식사》 308c.

❖ Adagia I vi 16
ne sutor ultra crepidam

신발장이는 신발을 넘어서지 마라

앞서 우리가 보았던 격언[153]과 매우 비슷한 것이다. 신발을 넘어서는 것과 관련하여서는 신발장이가 판단할 문제는 아니다. 즉 자신의 기술이나 직업과 전혀 관련이 없는 일에 관하여 누구도 왈가왈부해서는 안 된다.

이 격언은 저 유명한 화가 아펠레스에서 연유한다. 플리니우스는 그의 책 제35권 10장에서 다음과 같이 기록하고 있다.[154]

> 아펠레스는 완성된 작품들을 거리의 행인들이 볼 수 있도록 상점에 내다 거는 한편, 자신은 그 그림 뒤에 몰래 숨어서 지나가는 사람들이 무슨 말을 하나 엿들었다고 한다. 왜냐하면, 그는 광장의 대중이 다름 아닌 바로 예술 평론가라고 생각하였기 때문이다. 한번은 길을 지나가던 신발장이가 멈추어 서더니 비판

153 Adagia I vi 15. 〈커다란 항아리로 물레질을 배우다〉

154 플리니우스, 《자연학》 35, 84 이하.

하기를 그림에서 신발 끈을 넣을 구멍을 너무 작게 그려놓았다고 하였다. 다음 날 그 신발장이가 그림 옆을 지나가다 보았더니 어제 자신이 나무랐던 잘못이 고쳐진 것을 보고 기분이 좋고 우쭐하여 이번에는 발이 잘못되었다고 지적하였다. 그러자 옆에 숨어 있던 아펠레스는 어쩔 수 없이 모습을 나타내어 신발장이에게 한마디 하지 않을 수 없었다. 신발장이면 신발에만 왈가왈부할 일이다. 이 일에서 격언이 유래하였다.

여기까지 플리니우스가 전하는 말이다.

아테나이오스도 이와 아주 유사한 이야기를 들려준다. 기타 연주가였던 스트라토니코스가 음악에 관해 논쟁을 벌이던 대장장이에게 이렇게 말하였다고 한다. "당신이 아마도 잘 모르고 있는 것 같은데, 당신은 당신의 망치와 상관없는 일에 관해서는 가타부타 말해서는 안 됩니다."[155]

플리니우스의 조카가 편지글에 기록한 이야기도 여기에 속한다. 즉 사람은 그 자신이 그 어떤 예술가가 아니라면 예술작품에 대해 올바른 판단을 내릴 수 없다. 아리스토텔레스는《윤리학》제1권에서 각자는 오로지 자신의 영역에서, 자신이 교육받고 공부한 영역에서 신뢰할 만한 전문가라고 말하는 한편[156],《자

155 아테나이오스,《현자들의 저녁 식사》351a.

156 아리스토텔레스,《니코마코스 윤리학》1094b27.

연학》 제2권에서 다음과 같이 말한다.[157] "그는 마치 색맹처럼 이야기한다." 이 말은 우리 시대에 이미 마치 유행어처럼 쓰이고 있다. 어떤 사람이 자신은 전혀 이해하지 못하는 일에 관하여 가타부타할 경우에 쓰인다. 퀸틸리아누스에게도 이와 동일한 생각을 담고 있는 파비우스 픽토르의 말이 전해진다. "예술가가 자기 일에만 전념할 수 있는 시대가 된다면 예술에서 행복의 시간이 도래할 것이다."[158]

157 아리스토텔레스, 《자연학》 193a8.

158 cf. Hier. epist. 66, 9, 2.

❖ Adagia I vi 95
Nosce te ipsum

너 자신을 알라

이 말은 현자들이 했다고 전하는 지혜의 말들 가운데에서도 가장 유명한 세 가지 금언 가운데 하나이다. 플라톤은 《카르미데스》에서 이 세 가지 금언이 델포이의 아폴론 신전 입구에 나란히 새겨져 있다고 전한다.[159] 신전을 지키는 사람들이 아폴론 신에게 가장 잘 어울리는 말이라고 여겨 그 비석을 만들어 세웠다고 전한다. 세 가지 금언 가운데 첫 번째가 "너 자신을 알라"이다. 이 가르침 속에는 자신의 한계를 깨닫고, 자신의 힘을 넘어서거나 반대로 자신의 존엄에 미치지 못하는 것을 따르지 말며, 그에 알맞은 행동을 취하라는 훈계가 담겨 있다. 자신을 지나치게 높게 생각하며 자신에 대해 잘못된 사랑에 빠져 가당치도 않게 다른 사람들은 그 일을 할 수 없으나, 자신만은 그럴 만한 능력이 있다고 믿는 것이야말로 모든 악의 근원이다.

159 플라톤, 《카르미데스》 164d.

키케로는 자신의 동생 퀸투스에게 보내는 편지의 제3권에서 말한다. "너는 '너 자신을 알라'라는 금언이 단지 지나친 오만을 경계하려는 뜻에서 생겨난 말이라고 생각해서는 안 된다. 한편으로 이 금언은 사람이 자신의 장점을 분명하게 인식하기를 권하고 있다."[160] 다음과 같이 세 걸음 운율에 담겨 전해지기도 한다. "너 자신을 알라! 이거야말로 좋은 말씀." 노니우스 마르켈루스는 바로 Varro의 풍자시 가운데 하나의 제목이 〈너 자신을 알라!〉였다고 전한다. 오비디우스는 《사랑의 기술 Ars amandi》에서 "이 세상에 두루 퍼져 명성을 얻은 금언 하나, 각자 모두는 자신이 누구인지를 알라고 명한다." 유베날리스는 "말씀이 하늘에서 내려와 전하는바, 너 자신을 알라"고 하였다.[161]

오비디우스는 피타고라스가 이 금언을 처음으로 언급한 사람이라고 여겼다. 플라톤의 소크라테스는 이 금언이 아폴론에게서 유래한다고 믿었다. 플라톤은 《파이드로스》에서 "나는 아직도, 델포이의 신전에 놓인 비문이 명하는 대로, 나 자신을 알지 못한다"고 말한다. 어떤 이들은 많은 말이 호메로스의 대양에서 건졌던 것처럼, 이 금언도 호메로스에게서 유래한다고 생각한다. 왜냐하면, 호메로스에서 헥토르는 다른 모든 사람과는 싸웠으나 아약스와의 싸움은 피한다. 즉 아약스가 자기보다 강하다고 생

160 키케로, 《동생 퀸투스와의 서한》 3, 5, 7.

161 유베날리스, 《풍자시》 11, 27.

각한 것이다. "텔라몬의 아들, 아약스와 싸우기를 그는 피하였다" 고 시인은 말하고 있다.[162]

디오게네스 라에르티오스는 이 금언을 탈레스에게 돌리고 있다.[163] 디오게네스 라에르티오스는 아티스테네스를 언급하면서, 이 금언을 페모노아스에게 돌리면서[164] 덧붙여 말하길 킬론이 그 금언을 자신의 것이라 주장하고 있다고 하였다. 탈레스는 "무엇이 어려운 일입니까?"라는 질문에 "자기 자신을 아는 것" 이라고 대답하였다. 마크로비우스는 《스키피오의 꿈 주석》 제1권에서 "어떻게 하면 행복에 도달할 수 있습니까?" 하고 델포이의 신탁에 조언을 구한 사람의 이야기를 전한다. 그는 그 대답으로 "자기 인식을 통해서"라는 대답을 들었다고 한다.[165] 크세노폰이 《퀴로스의 교육》에서 전하는 것도, 이와 비슷한 신탁을 크로이소스 왕에게 주었다고 한다.[166] 희랍의 금언집은 아티파네스의 글 가운데서 다음의 세 걸음 운율의 시행을 뽑아 놓고 있다. "네가 죽을 운명의 인간이라면, 친구여, 사라져 가는 것들을 생각하라."[167] 핀다로스는 이 금언을 다음과 같이 표현하였다. "죽을 존

162 호메로스, 《일리아스》 제11권, 542행.

163 디오게네스 라에르티오스, I 40.

164 디오게네스 라에르티오스, I 40.

165 마크로비우스, 《스키피오의 꿈 주석》 I, 9, 2.

166 크세노폰, 《퀴로스의 교육》 7, 2, 20.

167 스토바이오스, 《문학 선집》 21, 4

재에게는 사라져 갈 것들이 가장 잘 어울린다."[168] 데모낙스는 언제 철학에 입문하였느냐는 질문에 다음과 같이 대답하였다. "내가 나를 깨닫기 시작하였을 때부터."

희랍 땅에는 수많은 타고난 현자들이 있으나 델포이의 아폴론은 오로지 소크라테스만을 가장 현명한 자로 뽑았다. 진실로 아무것도 모르면서 자신이 무언가를 알고 있다고 주장하는 사람들보다 한 가지 측면에서는 탁월하다고 소크라테스는 주장하였다. 즉 소크라테스는 자신이 아무것도 모른다는 사실을 알고 있으며, 더 나아가 오로지 이것만은 맹세코 분명히 알고 있다고 주장하였다.[169] 아낙사르코스는 이러한 소크라테스보다 겸손하기에는 빠지지 않을 것이다. 자신이 아무것도 모른다는 사실조차 그는 알지 못한다고 말하고 있기 때문이다.[170]

희극작가 메난드로스는 세상에 널리 알려진 이 금언이 수정되어야 한다고 주장하였다.[171]

여러모로 생각건대 그 금언은 바르지 못하다.
'너 자신을 알라!'보다 쓸모 있는 말은
'다른 사람들을 알라!'이다.

---

168 핀다로스, 《이스트미아 찬가》 5, 16.

169 플라톤, 《소크라테스의 변명》 21d.

170 디오게네스 라에르티오스, 9, 58.

171 메난드로스, 《단편》 203.

❖ Adagia I vi 96
Ne quid nimis

절대 지나치지 마라

현자들의 세 가지 가장 유명한 금언들 가운데 두 번째는 여러 방식으로 표현되고 있는데 대략 "절대 지나치지 마라!" 정도이다. 이 금언이야말로 모든 사람이 익히 알고 있고, 테렌티우스는 그의 희극 《안드리아》에서 해방노예 소시아스의 입을 통해 이 금언을 언급하고 있을 정도이다.[172] 디오게네스 라에르티오스는 피타고라스가 이 금언의 원천이라고 적고 있다.[173] 아리스토텔레스는 그의 책 《수사학》 제3권에서 비아스 Bias를 이 금언의 지은이로 지목하고 있다.[174] 이 자리에서 아리스토텔레스는 젊은이들의 지나친 정욕을 비난하고 있다. 그는 젊은이들의 잘못은 모든 일에서 자신을 다스리지 못하는 것이며, 이들은 사랑에서 정도를 넘어서며 미움에서도 그러하다고 말하고 있다. 이런 의미에서 그

172 테렌티우스, 《안드리아》 61.

173 디오게네스 라에르티오스, 1, 41.

174 아리스토텔레스, 《수사학》 1389b23.

들은 노년의 사람들과 다르다. 아리스토텔레스의 말을 그대로 빌리자면, "노년은 비아스의 말에 따라 미워하는 것처럼 사랑하며, 사랑하는 것처럼 미워한다." 라에르티오스에 따르면 어떤 사람들은 이 금언을 탈레스에게 돌리고 있다. 어떤 이들은 솔론에게 돌린다. 플라톤은 언젠가 한 번 에우리피데스의 비극에서 이 금언을 찾아 인용하였다. 어떤 이들은 호메로스가 이 금언의 뿌리라고 여겼다. 즉《오뒷세이아》에는 다음과 같은 시구가 있다.[175]

나 자신은 모든 친절한 주인들을
원망할 것이다, 그들이 만약 우정이나 미움을
지나치게 내보인다면. 사람은 늘 정도에 맞게 행동해야 하는
법이니까.

비슷한 것을《일리아스》제10권에서 노래하고 있다.[176]

튀데우스의 아들이여, 나에게 지나친 칭찬도,
지나친 비난도 하지 마시라!

나는 감히 주장하는데, 이 금언은 헤시오도스에게 돌아가야

175 호메로스,《오뒷세이아》제15권 69행 이하.

176 호메로스,《일리아스》249행.

한다. 그의 책 《일들과 날들》에는 다음의 문장이 들어 있다.[177]

> 모든 일에 정도를 지켜라. 중용이 늘 최선이다.

에우리피데스는 여러 번 이 금언을 인용하였는데, 한 번은 《월계관을 쓴 휘폴리투스》에서 인용하였다.[178]

> 이처럼 지나침을 나는 절대 칭찬하지 않는다.
> 사람들이 말하듯, 반대로 '지나치지 마라.'

핀다로스는, 플루타르코스가 전하는 바로는 "현자들은 중용에 관하여 '지나치지 마라'라는 말을 칭송한다"고 말하였다.[179] 소포클레스는 《엘렉트라》에서 "네 적을 너무 심하게 미워하지도 말고 그렇다고 잊지도 마라"고 하였다.[180] 플라우투스는 그의 희극 《카르타고 녀석 Poenulus》에서 "사랑하는 누이여, 절제는 어떤 경우이든지 제일 중요하다"고 말하였다.[181] 호메로스의 《일리아스》 제13권에 나오는 시구도 여기에 속한다고 말할 수 있다.[182]

---

177 헤시오도스, 《일들과 날들》 694행. 에라스무스가 헤시오도스의 말을 의역하고 있다.
178 에우리피데스, 《히폴뤼토스》 264행 이하.
179 플루타르코스, consol. ad Apoll. 116d.
180 소포클레스, 《엘렉트라》 177행.
181 플라우투스, 《카르타고 녀석》 238행 이하.
182 호메로스, 《일리아스》 636행 이하.

모든 것이 부족하지 않으니라, 잠도 사랑의 기쁨도
달콤한 노래도 원을 그리며 도는 즐거운 춤도 그러하리라.

핀다로스는 분명히 이 시구를 모범으로 삼아 《네메이아》에서 다음과 같이 노래한다. "그리하여 꿀과 아프로디테의 아름다운 꽃들이 부족하지 않았다."[183] 플리니우스는 그의 책 제11권에서 "그 어떤 삶의 방식이든 너무 많은 것은 해를 불러온다."[184] 호라티우스는 노래하기를,[185]

일에는 정도가 있다. 또한, 분명 그 한계가 있다.
그것을 넘어서도 못 미쳐서도 올바르다 할 수 없다.

또한, 다른 곳에서도 노래하였다.[186]

덕이란 지나침과 모자람으로부터 언제나 같은 거리만큼
떨어져 있다.

포퀴리데스는 "절도란 모든 일에 최선이다"라고 말했다.[187] 그

183 핀다로스, 《네메이아》 7, 52.
184 플리니우스, 《자연학》 11, 284.
185 호라티우스, 《풍자시》 1, 1, 106행 이하.
186 호라티우스, 《서간시》 I, 18, 9.
187 포퀴리데스, 《격언》 36.

리고 알페이오스는 자신의 《금언시》에서 "왜냐하면 '절대 지나치지 마라'는 말은 나에게 주체할 수 없는 기쁨을 준다"고 했다.[188] 퀸틸리아누스는 다른 일상사에서 그러한 것처럼 말을 할 때도 절제가 가장 중요한 덕목이라고 말했다.[189] 플루타르코스는 《카밀루스》를 마치면서 가르치는 것이다. 경건은 신에게 불경한 것과 신에게 광신하는 것 사이에 있다고 하였다. "경건과 중용, 이것이 최고의 덕이다."[190]

모든 일에 지나침은 잘못을 일으키지만, 하느님에 대한 사랑은 예외이다. 아리스토텔레스는 이와 비슷한 뜻을 전하고 있는데 여기서 하느님이라는 단어를 바꾸어 그는 지혜라는 단어를 사용하였다. 이에 아테나이오스가 어느 시인에게서 인용하여 노래한 《포도주 칭송》 제1권의 시구가 속한다.[191]

적당히 마실 줄 안다면, 포도주는 사람의 마음에서
온갖 시름을 쫓으나, 지나침은 해를 부르리.

---

188 《하이델베르크 궁정 시선집》 9, 110, 4.

189 퀸틸리아누스 《수사학 연습》 11, 3, 181.

190 플루타르코스 《비교 영웅전》 〈카릴루스〉 6, 6. 플루타르코스 원문대로라면 '경건'이 아니라 '조심'이라고 옮겨야 한다.

191 아테나이오스, 《현자들의 저녁 식사》 37b

❖ Adagia I vii 10
Simia in purpura

원숭이가 자주색 관복을

이 격언은 여러 가지로 사용된다. 그 하나는 옷차림이나 몸가짐이 남들 보기에 대단해 보이지만 생각하는 모양새가 어린아이와도 같은 사람을 가리킬 때이다. 다른 하나는 전혀 어울리지 않는 권위의 상징을 걸치고 다니는 사람을 가리키거나 아니면 그 자체로도 보기 흉한 물건에 전혀 어울리지 않는 장식을 꼴사납게 이어붙인 물건을 가리킨다. 왜냐하면, 원숭이가 자주색 관복을 입었다고 생각해 보라, 이보다 꼴사나운 것이 무엇이겠는가? 하지만 어떤 사람들은 원숭이를 오락을 위한 도구 정도로 여겨, 왕왕 원숭이를 가능한 한 사람 같이 꾸미고 옷 입히는 일이 벌어지며 심지어는 자주색 관복을 입히기도 한다. 이렇게 하여 그들은 전혀 생각지도 못하고 있는 사람들로 하여금 경의를 표하게 하고, 마침내 속임수를 드러내어 감쪽같이 속은 저들을 조롱함으로써 분위기를 즐겁게 만든다. 사람들은 왕후의 궁전에서 또 다른 종류의 원숭이들도 만날 수 있다. 만약 이들에게서 걸치고 있는 겉옷과 목걸이, 팔찌 등 장식을 걷어내면 그야말로 돈만 밝히는 형편없는 인간을 보게 된다.

이 격언을 전혀 연관 없는 것에다 적용한다면, 정말 훨씬 더 재미있을 것이다. 예를 들어 턱수염을 기르고 성직자의 예복을 입고서 성자를 흉내 내고 있는 사람에게 적용하면 어떨까? 아우구스티누스는 한번 이런 자들을 예복 현자들이라고 조롱 투로 이야기하였다.[192] 또 암미아누스는 그의 책 제14권에 안티고노스라는 사람을 가리켜 "예복만 받쳐주는 현자"라고 말하였다.[193] 오로지 턱수염만으로 현자라고 여겨지는 사람들에 관하여 이미 다른 곳에서 이야기하였다.[194]

192 아우구스티누스, 《서한집》 1, 1.

193 암미아누스, 《역사》 14, 9, 5.

194 Adagia I ii 95. 〈턱수염까지만 현자〉 따라서 턱수염 위쪽, 머리는 어리석은 사람.

❖ Adagia I vii 17
In vino veritas.

술 속에 진리가 있다

여러 작가에서 발견되는 금언으로, 사람이 많이 취하면 겉으로 드러나지 않는 속내를 드러내게 된다는 말이다. 이런 이유에서 왕들에게 포도주를 금지하였다. 왜냐하면, 술이 있는 곳에 비밀은 없기 때문이다. 플리니우스는 그의 책 제14권 22장에서 이른다. 술은 마음에 감춘 것을 드러내는데, 어느 정도냐 하면, 술잔에 빠져 자신이 내뱉는 말이 자기 목숨을 앗아가는 대도, 뒤늦게 주워담으려 한들 이미 목이 떨어져 나가고 없다는 것을 모른다고 하였다. 덧붙여 "술 속에 진리가 있다는 격언이 전해진다"고 적어놓았다.[195] 또한, 저 박식한 페르시아 사람이 이르기를, "진실을 얻기 위해 고문은 필요치 않다. 오히려 술이 훨씬 더 효과적이다" 라고 하였다.[196]

195 플리니우스, 《자연학》 14, 141.

196 디오게니아누스, 《격언집》 7, 28.

호라티우스는 그의 시에서 술잔에 바쳐 노래하길[197]

너는 마음속의 괴로움을 가볍게 해주는구나.
그렇지 않았다면 무거웠을 것을. 너는 지식인들의
근심과 숨겨둔 생각을 바쿠스 신의 짓궂은 장난으로 드러내는구나.

그리고 호라티우스는《시학》에서 노래하였다.[198]

전해지는바 왕들은 수많은 술잔을 기울이게 하고
물도 섞지 않은 포도주로 고문하여,
사귀어서 우정을 쌓을 수 있는 자인지
사람을 알아보려 하였다 합니다.

또 다른 곳에 누군가 이르길, 술은 모든 문을 여는 열쇠이다. 아테나이오스는 그의 책 제2권에 다음과 같이 이 격언을 "포도주와 진리"라 언급하였다. 왜냐하면, 술을 많이 마신 사람은 자신의 비밀을 드러낼 뿐만 아니라 다른 사람에 대해 자기 생각을 성급하게 쏟아내기 때문이다.[199] 플루타르코스는 아르타크세르크세스의 전기에서 미트리다테스 장군이 술을 마시다 어떤 험한

197 호라티우스,《풍자시》3, 21, 13-16.

198 호라티우스,《시학》434-6.

199 아테나이오스,《현자들의 저녁 식사》37e.

말을 입에 담자 스파라믹삭스가 이렇게 말했다고 전한다.[200] "미트리다테스여, 희랍인들은 '포도주와 진리'를 이야기합니다." 그리고 다음과 같은 말을 덧붙였다. "희랍의 격언에 말하길, 다른 사람은 마음속에 담아둘 것을 주정뱅이는 입에 달고 있다."

테오그니스는 "은과 금을 얻으려고 대장장이는 불로 수고하지만, 눈앞에 마음을 보여주는 것은 포도주이다"라고 노래하였다.[201] 아테나이오스는 에우리피데스의 문장을 인용한다. 에우리피데스는 이르길, 청동은 얼굴을 비치고 술은 마음을 비친다. 아테나이오스는 에피푸스를 인용한다. "독주가 과하면 수다를 강요하고, 술에 취한 자는 기꺼이 진실을 털어놓는다." 아테나이오스는 그의 책 제10권에서 아나카르시스의 말을 전해주고 있다. "사람은 얼큰하게 취하면 잡스러운 생각으로 머리를 채우며, 횡설수설 무언가를 지껄이기 마련이다."

손님 중에 하나가 아나카르시스에게 다음과 같이 말했다. "당신은 얼굴이 추한 아내를 얻었구려." "그래, 그렇다네. 나도 동의하네. 여기, 주인장, 아주 독한 술 한 잔만 가져다주시오. 내 아내의 얼굴이 아름답게 보이도록 말일세." 그렇다, 사랑에 빠진 사람만이 아니라 술에 취한 사람도 흉한 것을 예쁘게 본다고 테오

200 플루타르코스, 《아르타크세르크세스》 15, 3.

201 테오그니스, 《엘레기》 499-500.

크리토스가 말하였다.[202] 진실인지 아닌지 판단할 수 없는 일에 대해 어떻게 진실을 말하는 것이 가능할까? 진실의 반대말이 언제나 거짓이라고 말할 수는 없다. 간혹 '겉보기의 진실'도 진실의 반대이다. 즉 진실 되게 말하는 듯 보이지만 그의 말이 진실이 아닐 수 있다. 진실 되게 말하는 것처럼 보이진 않으나 그의 말이 진실일 수도 있다.

마지막으로 — 물론 그렇다고 다른 것보다 중요성이 떨어진다고 할 수 없는 것으로 — 이 격언은 만취가 불러오는 광기, 즉 잘 고정된 물건이 빙글빙글 도는 것처럼 보이며 하나인 물건이 두셋으로 보이는 광기가 아니라, 오히려 공연히 수줍어하거나 숨기려 하는 태도를 걷어내는 순기능을 가리키는 말이다. 플라톤의 《향연》에서 알키비아데스는 말한다. "다음에 내가 하는 말은 여러분이 결코 전에는 듣지 못했을 말로서, 나는 여러분에게 '어린아이와 함께이든 따로든 포도주는 진리를 말한다'는 격언을 상기시키는 바입니다."[203] 이 말로써 포도주와 어린 동심이 같은 격언 안에 함께 담겨 있는 것을 알 수 있다. 오늘날도 이와 똑같은 격언이 널리 쓰이고 있다. 격언에 이르길, "어떤 누구도 당신에게 진실을 말해주지 않을 것이다. 다만 다음 세 가지는 예외이다. 어린아이, 주정뱅이, 그리고 미친놈."

202 테오크리토스, 《소서사시》 6, 19.

203 플라톤, 《향연》 217e.

내 생각에는 여기에 격언 하나를 덧붙일 수 있다. "한 토막 말은 진실을 말한다." 왜냐하면, 무심코 던진 한마디는 대체로 진실 되기 때문이다. 즉 무심하였기에 거짓이 덧붙어 있을 리 없다. 한 토막의 말은 믿을 만한 징표가 될 수 있다. "왜냐하면, 나는 아무 생각 없이 네오프톨레무스의 이름 대신에 오레스테스의 이름을 외쳤다. 내 목소리의 실수, 내 속내." 키케로는 《토피카》에서 이르길, 다음에 열거한 사람들로부터는 믿을 만한 말을 들을 수 있다고 하였다.[204] 어린아이, 잠든 사람, 경비를 잃은 사람, 그리고 주정뱅이.

204 키케로, 《토피카》 20, 75.

❖I vii 70
Nosce tempus

때를 가려라

적기를 파악하라. 때를 가려라. 7현인의 촌철 가운데 특히 널리 알려진 격언으로 다른 격언들과 마찬가지로 출처로 언급되는 작가가 여럿이며 대부분 사람이 사용하는 격언이다. 헤시오도스는 말한다. "중용을 지키시라. 모든 일에 최선의 적기(適期)가 있다."[205] 테오크리토스는 《소품집》 제11권에서 말한다. "어떤 건 여름 바람에, 어떤 건 겨울 바람에 피어난다." 또 이소크라테스는 《데모니코스에게 보내는 편지》에서 때아닌 모든 일은 불쾌한 법이라고 지적했다.[206] 모든 일에 있어 중요한 순간과 최적기를 지키는 것이 제일 중요한 것이다. 희랍 격언들도 같은 생각을 말하고 있다. "제일 큰 건 제때 주어지면 작은 것." 또 "때를 아는 게 만사 제일이다." 핀다로스는 《퓌티아 찬가》에서 "모든 일에 하나같

205 헤시오도스, 《일들과 날들》 694행.

206 이소크라테스, 《데모니코스에게 보내는 편지》 31.

이 제때가 최고다."[207] 마찬가지로 호라티우스는 "제때에 어리석음은 즐거운 일이다."[208] 적시(適時)는 중요하여, 그 때문에 훌륭함이 미천함으로 변하고, 손해가 이익이, 쾌락이 고통이, 선행이 악행이 되기도 하고, 그 반대가 되기도 한다. 간단히 말하자면 적시는 모든 일의 본성을 바꾼다. 적시는 일을 시작할 때와 마칠 때 특히 중요한 의미를 가지며, 옛사람들이 적시의 여신을 신성시한 것은 이유가 없지 않다. 반대로 희랍 사람들은 적시의 신을 남성으로 여겨 '카이로스'라고 불렀다.

적시(適時)의 여신은 이렇게 생겼다고 옛사람들이 기록하였다. 적시의 여신은 발에 날개가 달렸으며 자유자재로 회전하는 바퀴 위에 서 있기 때문에 회전하여 아주 빨리 방향을 틀 수 있다. 앞머리에는 머리카락이 덥수룩하게 덮여 있지만, 뒷머리는 벗어져 있기 때문에 앞에서는 여신을 쉽게 잡을 수 있으나, 뒤에서는 여신을 잡을 수 없다. 여기서 "적시를 포착하다"라는 말이 생겨났다. 이 점을 이용하여 세련되고 유식한 어떤 이가 다음 구절을 지어냈다. "앞은 장발이나 적시의 뒤통수는 민머리라." 또 이에 관해 포세이도니오스의 시구를 인용하는 것도 가할 것이다. 어찌 된 이유인지 모르겠으나 폴리치아노가 이 시구를 빼도 된다고 생각한 것에 나는 놀랄 뿐이다. 그것은 이렇다.

---

207 핀다로스, 《퓌티아 찬가》 9.78.

208 호라티우스, 《서정시》 4.12.28.

저 조각가의 고향은 어딘가? 시퀴온. 이름은?
뤼시포스. 너는 누구냐? 만물의 지배자 적시.
왜 까치발로 다니느냐? 늘 뛰느라. 왜 발에는
날개가 달린 거냐? 바람을 타고 날아다닌다.
오른손엔 왠 단검이냐? 사람들에게 보여주려,
내가 세상 그 어떤 칼날보다 날카롭다는 걸.
왜 머리는 눈을 덮었나? 앞선 자가 날 잡도록.
그런데 세상에 왜 뒤통수는 대머리냐?
날개 달린 발로 달리는 날 놓친 사람은
아무리 원해도 날 뒤에서 잡을 수 없도록.
저 조각가가 나를 이렇게 만들어 너희에게
이방인이여, 문앞에 놓아 가르침을 전한다.

나는 이 시구를 번역하였는데, 희랍어 원작과 경쟁하기 위해서 아니라, 내가 늘 그렇듯 즉흥적으로 둔하게 옮겼으되 희랍어를 모르는 사람들이 내 설명 없이도 시를 읽고 이를 알 수 있도록 하기 위해서였다. 아우소니우스의 격언시를 여기에 옮겨적는 것도 나쁘지 않겠는데, 폴리치아노가 지적하고 있듯 이것은, 적시의 여신과 함께 다니는 후회의 여신을 덧붙이는 등 몇 가지 점에서 차이가 나지만, 분명 희랍에서 유래하는 것이다. 시는 이렇다.[209]

209 아우소니우스, 《격언시》 33.

누구의 작품인가? 페이디아스. 팔라스 상을 만든 사람 말인가?
그렇다. 유피테르 상도 그가 했다. 내가 그의 세 번째 작품이다.
나는 여신이다. 소수에게만 드물게 알려진 적시의 여신.
왜 바퀴 위에 섰는가? 한 자리에 머물 수 없기 때문이다.
날개 달린 신은 뭔가? 난 늘 날아다닌다. 메르쿠리우스가
나눠주는 행운을 난 내가 원하면 가져다주곤 한다.
얼굴은 왜 머리로 덮었나? 알아보지 못하게. 그럼 왜 그대
뒤통수는 민머린가? 도망칠 때 뒤에서 잡지 못하도록.
그대 동료는 누구인가? 그대 말이다. 그대는 누구인가?
나는 여신이다. 내 이름을 키케로도 언급한 적 없다.
나는 여신이다. 난 행한 것과 행하지 않은 것을 벌하여
후회하게 만든다. 그래서 날 후회의 여신이라 부른다.
다시 당신! 그녀와 같이 무얼 하는가? 내가 달아나면
그녀는 뒤에 남고, 나를 놓친 사람들을 그녀가 데려간다.
그대가 물어대고 질문으로 시간을 낭비한다면,
그대는 내가 그대 손에서 빠져나가는 걸 보리라.

❖ Adagia I vii 94
Una harundo non facit ver.

제비 한 마리가 봄을 가져오진 않는다

한 마리의 제비가 봄을 가져오진 않는다. 한나절은 덕목을 갖추거나 그런 교육을 받을 만하지 않다는 뜻이다. 또는 한 번 올바른 행동을 하였다거나 한번 말을 잘했다 하더라도 그것으로 바른 사람이라거나 좋은 연설가라는 명성을 얻기에는 충분하지 못하다는 뜻이다. 왜냐하면, 참으로 많은 것들이 행해지고 나서야 그런 명성을 얻을 수 있기 때문이다. 또는 어떤 문제에 분명한 대답을 얻기 위해서는 단 하나의 이론만으로는 충분하지 않다는 말이다. 여러 번 수없이 시도하여 같은 결론에 도달한다면 그때 그리고 오직 그때서만 그 이론은 받아들여질 수 있다.

우연히 한 마리 제비가 좀 일찍 나타날 수도 있다. 제비가 봄의 전령이라 불리는 것은 제비의 본성 때문인데 제비는 겨울이 오면 멀리 떠났다 돌아온다. 호라티우스의 시구에 "제퓌로스 바람이 불고 제비가 나타나면"이라는 말은 봄을 나타낸다.[210] 아리스토텔레스는 《윤리학》 제1권에 "제비 한 마리가 봄을 가져오지 않으며, 한나절도 그렇다"라는 말이 있다.[211] 이처럼 한나절 아니 그만큼 짧은 시간이 행복한 사람을 만들지는 않는다는 주장이다. 아리스토파네스는 《새》에서 "그는 내 보기에 무수히 많은 제비가 필요하다"고 적었다.[212] 주석가들은 이 말이 아마도 저 격언을 언급하는 것이라 보았다. 즉 제비 한 마리가 봄을 가져오지는 않는다. 여기에 가까운 말은 소포클레스의 《안티고네》에 나오는 말이다. "한 사람이 도시 하나를 만들진 못한다."[213] 왜냐하면, 제비 한 마리가 봄을 가져오지 않듯이 한 사람이 국가를 만들거나 동전 한 닢이 부자를 만들지는 못하기 때문이다.

210 호라티우스, 《서간시》 1, 7, 13.

211 아리스토텔레스, 《니코마코스 윤리학》 1098a18.

212 아리스토파네스, 《새》 1417행.

213 소포클레스, 《안티고네》 737.

❖ Adagia I viii 81
Eodem bibere poculo

같은 잔으로 마시다

같은 잔으로 마시다. 즉 같은 고초를 겪거나 같은 운명에 사로잡힌 것을 말한다. 플라우투스는 《카시나》에서 말하였다. "오 노인이여, 당신은 내가 맛본 잔을 맛보아야 하는구려!"[214] 이 격언은 술 마시기 시합의 관습에서 유래했거나 독이 들어 있지는 않을까 두려워하는 태도에서 유래하였다. 이것은 우리나라 사람들이라면 오늘날 누구나 알고 있는 격언이다. 예를 들어 다른 사람에게 눈에는 눈으로 복수하겠다고 협박을 하면 이렇게 말한다. "너도 같은 잔으로 마시게 될 것이다." 마르티알리스는 시어빠진 포도주에 물을 타 손님에게 내놓고 자신은 고르고 고른 좋은 포도주를 마시는 ― 오늘날 많은 부유한 집안에서도 이런 풍습이 널리 유행하지만 ― 사람을 조롱하는 시를 지었다.[215] 아마도 이런 풍습에서 이 격언이 생겨날 수 있을 것이다. 그러니까 아무 생각

---

214 플라우투스, 《카시나》 933행.

215 마르티알리스, 《격언시》 3, 49.

없이 시어빠진 포도주를 마신 사람이 다른 사람도 당해 보도록 옆 사람에게 권한 것에서 생겨났을 것이다.

성경에는 눈앞에 나타난 불운을 염두에 두고 바빌론의 술잔이 여러 번 언급된다.[216] 복음서에서 우리의 주 예수께서는 세베대의 아들들에게, 그들이 예수께서 기꺼이 마시고자 하는 잔으로 마실 수 있는가를 물으셨다. 여기에 덧붙여 '같은 세례'라는 두 번째 비유를 말씀하셨다.[217] 이 두 가지 비유는 틀림없이 일상생활에서 쓰이는 격언이었을 것이다.

아리스토파네스는《기사들》에서 약간 달리 이렇게 말했다.[218]

> 아마도 그는 우리와 똑같은 잔으로 마시지는 않을 것이다.

이와 같은 말로 그는 변태적인 쾌락주의자를 비난하고 있다.

---

216 〈예레미야〉 51장 7절.

217 〈마가복음〉 10장 38절.

218 아리스토파네스,《기사들》. 1289행.

❖ Adagia I viii 91
Bis dat, qui cito dat

빨리 주는 사람이 두 번 준다

내 기억이 정확하다면 나는 세네카의 어디에선가 이 말을 읽었던 적이 있다. 빨리 주는 사람이 두 번 준다. 세네카는《자비에 관하여》제2권에서 "베푸는 자의 손에 오래 머무는 선행은 고마움을 앗아간다"고 하였다.[219] 이 문장은 친구를 돕는 일에 망설이거나 주저하지 말고 기꺼이 할 것이며, 도울 것이 있거든 도움을 청하기 전에 도울 것을 권고하고 있다. 희랍의 격언시집에는 루키아오스라는 이름으로 다음의 2행시가 전해진다.[220]

서둘러 베풀면 기쁨이지만 망설이면
선의는 공허하고 아름다움은 사라진다.

이 시구를 제대로 번역하는 일은 매우 어려워 불가능해 보인

219 세네카,《자비에 관하여》2, 1, 2.
220 《하이델베르크 궁정 시전집》10, 30.

다. 왜냐하면, 이 격언시의 매력과 맞은 카리스 charis라는 단어에 있기 때문이다. 희랍어 카리스는 때로 '선의'로 번역하거나 때로 '무언가를 끌어당기는 아름다움', 때로는 '카리스 여신'으로 번역할 수 있다. 이와 유사한 희랍 문장을 아우소니우스가 인용하고 있다.[221]

> 발이 느린 선의는 매력 없는 카리스다.

이 문장은 여섯 걸음 운율 시행의 시작 부분으로서 어떤 격언시에서 인용되었다. "발이 느린 선의는 매력 없는 카리스다." 아우소니우스는 이 말을 다음과 같이 번역하였다.[222]

> 선의가 느리면 그 선의는 매력을 잃으며
> 서두른 선의만이 오직 진실로 매력적으로 보인다.

다른 곳에서 아우소니우스는 다시 한 번 이 격언시를 이렇게 번역하였다.

> 선의를 베풀려거든 서둘라. 왜냐하면, 빨리 전해지면
> 그것은 선의이나, 늦으면 매력을 잃으리.

---

221 아우소니우스, 《격언시》 316.

222 아우소니우스, 《격언시》 317.

그 때문에 에우리피데스의 《레소스》에서 헥토르는 전우들이 뒤늦게 가져온 도움을 다만 비웃고 거절하였다.[223]

나는 늦게서야 도움을 가져온 저 친구들을 증오하노라.

이 말을 흉내 낸 문장이 하나 있다.[224]

즐거움은 두 배, 당신이 필요한 것을 직접 가져온다면.

또 다른 비슷한 문장이 있다.[225]

당신이 서둘러 선의를 베푼다면 선의는 두 배가 된다.

---

223 위-에우리피데스, 《레소스》 333행.

224 푸브릴리우스 쉬루스, 《격언집》 2, 1.

225 푸브릴리우스 쉬루스, 《격언집》 I 6.

❖ Adagia I ix 12
A mortuo tributum exigere

죽은 자에게 세금을 걷다

이 격언은 재산을 불리기 위해서라면 수단 방법을 가리지 않고, 작을 가능성이라도 놓치지 않는 사람이 보여주는 행태를 가리킨다.

아리스토텔레스는 그의 책《수사학》제2권에서 이 격언을 인용하고 있다. "심지어 죽은 자에게조차 세금을 걷는다." 또한, 이 격언을 풀이하기를. "이 격언은 창피한 줄 모르고 이득이 된다면 그 무엇이든 취하려는 사람에게 적용된다." 이런 사람들은 심지어 흉측하고 지저분한 것에서 — 내가 읽은 바로는 베스파시아누스는 방뇨세를 거두었다고 한다[226]— 그리고 사악한 것에서 — 예를 들어 포주와 창녀들에게서 — 또는 친구로부터 시작하여 구호대상자들과 거지들 마침내 망자에 이르기까지 모든 사람을 이것저것 가리지 않고 착취한다. 로마의 황제들은 코린토스의 무

226 수에토니우스,《12황제전》,〈베스파시아누스〉23.

덤들을 파헤쳐 청동 부장품들을 훔쳐냈다고 한다. 이런 방식으로 약탈당한 부장품들에 붙여진 이름은 마침내 이런 파렴치한 행위를 비방하는 이름으로 사용되었다. 이런 행위를 그래서 '코린토스의 부장품'이라고 부른다.[227]

희랍인들은 명목이 무엇이든 이렇게 부과된 부역이나 물목을 조세(phoros)라 칭하였으며, 이런 너저분한 물건을 거두어들이는 사람을 세리(phorologos)라 불렀다. 이런 자들이 대체로 증오의 대상이 된 것은 너무도 당연한 일이다. 조세(phoros)라는 말은 희랍어 동사 '거두다 pherein'에서 유래한다. 조세는 라티움 어에서 '이자 foenus'라는 말과 같은 뿌리를 갖는데, 왜냐하면 예전에 이 라티움 어 단어는 오로지 땅에서 거두어들이는 이익을 가리키는 데 사용하였기 때문이다. 땅이란 자신이 받아들인 씨앗을 몇 백 배의 수확으로 되돌려 주는 훌륭한 채무자이기 때문이다.

다른 한편 아리스토텔레스가 《정치학》에서 적어 놓았는데, 화폐가 화폐를 거두어들이는 것은 자연스러운 현상이다. 오늘날에도, 특히 기독교인들에게서 이것은 익히 확인된 현상이다. 농부만큼 정직한 사람들도 없고, 농부만큼 국가를 위해 유익한 사람들도 없음에도 불구하고 농부들은 매우 천시되는 반면, 오늘날 대금업자는 교회를 떠받치는 기둥이라 간주한다. 옛날 사람들은 이들을 사채업자라고 단죄하였으며, 이교도의 법률에서도

227 스트라본, 《역사》 8, 6, 23.

이들을 최소한으로 억제하였는가 하면, 유대의 율법에서는 이들을 금지하였고, 교황의 칙령에서도 이들을 단호하게 처벌하여 근절시켰다는 사실은 오늘날에는 잊혔다.

물론 나는 이들 금융업자에게 특별히 반감을 품는 것은 아니다. 그들의 활동은 어떤 면에서 매우 유익하다고 하겠다. 그렇다고 이들에게 어찌 교부들의 권위를 부여할 수 있을까? 오늘날의 세태를 보건대 나로서는 오히려 대금업자들이 지저분한 장사꾼들보다는 용인할 만하다고 보는 편이다. 장사꾼들은 온갖 거짓과 속임수로, 온갖 잔꾀와 술수로 하찮은 이익조차 놓치지 않으며 한쪽에서 물건을 사다가 다른 쪽에 두 배의 값을 붙여 다시 파는가 하면, 상권을 독점하여 그들 앞에 무력한 백성들로부터 주머니의 잔돈까지 깡그리 긁어낸다. 이들에 비하자면 대금업자들은 양반이라 하겠다.

내가 보기에 이 격언은 동상에조차 빵을 요구한다[228]는 앞서 언급했던 격언과 일치하거나 가깝다 하겠다. 왜냐하면, 여기서 빵은 모든 먹을거리를 나타내고 앞에서의 세금을 의미하며, 동상이란 자고로 죽은 자를 기념하기 위해 세워지는 것이기 때문이다. 따라서 동상으로부터 빵을 뜯어내는 사람은 실로 죽은 자에게서 세금을 갈취하는 셈이다.

고대에는 죽음과 매장에 관련된 모든 것을 경건한 마음으로

228 adag. III ii 89.

조심스레 다루었다. 무덤을 세우는 데 따로 돈을 지급하는 일도 없었었다. 그러나 오늘날 소유에 대한 욕구가 팽배하여 이 세상에는 이익을 추구해서는 안 될 경건하고 신성한 것은 더는 존재하지 않는다. 더군다나 귀족들은 물론이려니와 영혼을 보살피는 사람들조차 이런 일을 서슴없이 저지른다.

일찍이 독재자들(당시 독재는 아직 소박한 형태였으며 오늘날과 같이 절대왕정의 모든 가능성을 발휘하지는 않았다)의 지배 아래에서조차 적어도 바다와 강과 길과 사냥터는 모든 인간에게 속한 공공의 재산이었다. 그런데 오늘날은 몇몇 귀족들이 이 모든 것을 자신의 것으로 취하여 자기들만 사람인 양, 아니 신인 양 그 권리를 주장한다. 뱃사람은 이들에게 시달려, 위험을 무릅쓰고 항로를 바꾸어야 하고, 아무 생각 없는 착취자들의 변덕에 따라 모든 것을 참고서 해야 하기 때문이다. 뱃사람은 폭풍과 격랑에 시달리는 것은 말할 것도 없이 착취자들로부터 온갖 수모를 겪어야 한다. 항구에 도착하면 저들에게 무언가를 바쳐야 한다. 다리를 지나갈 때도 역시 돈을 지급해야 한다. 강을 따라 항해할 때도 뱃사람들은 지방 귀족의 힘을 맛보아야 한다. 얼마 되지 않는 짐을 실어 나르기라도 하면 그조차도 저 도적들에게 내놓아야 한다. 설상가상. 힘없는 백성은 마지막 한 조각마저 모조리 빼앗겨야 한다. 거듭하여 남은 것의 십일조를 요구하는 통에 가난한 자들은 더는 삶을 유지할 수조차 없다. 밭에서 소

출을 얻었다 싶으면 십일조를 바쳐야 한다. 게다가 타작할 때면 그때마다, 방아를 찧으면 그때마다 매번 십일조를 바쳐야 한다. 포도주를 수입하려고 하면 역시 몇 배의 세금을 지급해야 한다. 이를 창고에 보관하면 다시 한 번 그 반을 세금으로, 적어도 사분의 일을 썩은 고기를 탐하는 저 맹수들에게 바쳐야 한다. 몇몇 지역에서는 맥주에 관해서도 마찬가지로 제후에게 반 토막을 세금으로 바쳐야 한다. 돼지를 잡으면 그중 일부를 바쳐야 하며, 말을 좋은 값으로 팔아 이문을 남기면 그중 일부를 세금으로 내야 한다.

나는 볼로냐 지방에 머물면서 지역 농부들이 얼마나 참혹한 가난을 겪어야 하는지를 보았으며, 그런데도 불구하고 당시 그 지역을 다스리던 율리우스에게 농부들 — 재산이라야 고작 황소 두 마리뿐이며 황소를 부려 근근이 가족들을 굶기지 않을 수 있었던 농부들 — 이, 전 재산을 세금으로 내는 것을 보았다. 몇몇 고장에서는 수수료를 내고서야 비로소 법적으로 인정받는 아내를 얻을 수 있는 자유를 얻는다고 한다. 이런 유사한 사례를 여기서 늘어놓는 일이 내게 얼마나 큰 고통을 요구하는지! 백성들을 착취하는 저 도적놈들의 일은 언어적 표현의 한계를 넘어선다. 모든 사람을 억압하여 그들은 이익을 추구하며, 그들의 행태는 정도를 벗어나 그 끝을 알 수 없다. 그들은 매일같이 새로운 착취방법을 마련하며, 일단 어떤 명목으로든 한번 도입된 착취수단은 끈질기게 고수한다.

그 자체만으로도 끔찍한 여러 수단은 저들이 앞세운 관료들의 무자비함으로 인해 더욱 끔찍한 것으로 발전하여, 결국 제후들은 이에 상응하는 증오를 얻게 된다. 왜냐하면, 관료라는 자들은 힘없는 백성들의 궁핍을 더욱 힘겹게 만드는 한편, 위대한 통치자들 — 좀 더 정확히 말하면 착취자들 — 의 풍요를 더욱 증대시키는 일에만 전념하기 때문이다. 심지어 처벌받아 마땅한 자들이 저지르는 불법행위로부터 괜찮은 이익을 챙기는 관료들도 있다. 어떤 관직, 어떤 공무, 어떤 관청을 돈으로 매수할 수 없겠는가? 밑 없는 제후 돈주머니를 채우는 일에 그 어떤 것도 충분할 수 없는 일이고 보니, 어떤 관료들은 결국 전쟁을 제안하고 제후들은 이에 순순히 동의하여, 불행한 백성들은 이제 뼛속까지 피를 빨린다. 제후들의 통치는 거대한 장사와 무엇이 다르겠는가?

기독교를 신봉하는 제후들이 벌건 대낮에 이교도의 왕후들이 저지를 법한 비인간적인 일을 저지르고 있다는 사실도 참으로 창피스러운 일이지만, 더욱 비난받아 마땅한 일은 다음과 같다. 영혼을 구제하는 일에 종사하는 사람들이, 즉 돈과 관련된 일에는 손을 대지 않아야 하며, 자신이 대가 없이 부여받은 재능을 다른 사람들에게 대가 없이 나누어 주어야 할 사람들이 오로지 돈을 밝히며 무엇 하나 대가 없이는 행하지 않는다는 사실 말이다. 그들은 교회세를 거두어들이기 위해 얼마나 많은 연극을 펼치고 있는가! 얼마나 끔찍하게 가난한 백성들을 괴롭히고 있는가! 돈을 지급하지 않으면 세례를 받을 수 없는, 즉 기독교인이 될 수 없다니! 이런 재물의 후광을 입고서야 사람들은 교회에 들어설 수 있다. 돈을 받지 않으면 교회는 어떤 결혼식도 주례하지 않으며, 교회는 급료를 받고서야 고해를 듣는다. 예배에 참여하여 돈을 받아야 성경을 읽어주고 찬송가를 부르고 기도를 올린다. 공짜로 내려지는 축도란 결코 있을 수 없다. 공짜로는 조금도 축복의 손을 들어 올리지 않으며, 수수료를 받지 않으면 결코 봉헌식을 수행하지 않는다. 성직자의 신성한 임무인 백성들의 교화는 금품수집으로 병들고 말았으니, 주 예수 그리스도의 몸도 돈 없이는 얻을 수 없게 되었다. 여기서 교회가 사람들이 흔히 면죄부라고 일컫는 것으로부터, 성직을 나누어주는 일로부터, 그리고 주교들과 수도원장들의 증명서로부터 얼마나 많은 돈을 거두어들이고 있는지는 말할 필요가 없을 것이다. 교회가 이러한데, 어찌 세상을 꾸짖어 누구에게도 속하지 않은 대지에 묘지를 세우는 대가로 수수료를 요구하는 세태를 비난할 수 있겠는가? 이교도의 국가에서조차 가난한 사람들을 위한 공동묘지가 존재한다. 가난한 자들은 누구든지 거기에 원하기만 하면 공짜로 묻힐 수 있었다. 그런데 기독교 국가에서는 성직자로부터 한 뼘의 땅뙈기라도 임대하지 못하면 망자는 자신을 덮을 흙조차 얻을 수 없는 형편이며, 지급하는 액수에 따라 묻히는 땅의 위치와 면적도 넓어진다. 만약 당신이 많은 돈을 지급하는 경우, 당신은 교회 첨탑 바로 옆에 있는 땅에 몸을 묻을 수 있을 것이다. 조금밖에 지급하지 못하는 경우 당신은 많은 사람과 같이 묻혀 비를 맞아야 할 것이다. 사람들이 돈을 내밀어서 어쩔 수 없이 받아야 하는 것도 창피스러운 일이거늘 무슨 권리라도 가진 양 돈을 당당히 요구하며 부끄러운 줄도 모른다면 어떻겠는가? 이교도 헤브론은 전혀 모르는 이방인 아브라함에게 기꺼이 묘지를 세울 땅을 제공하였으나, 이는 상대방이 대가를 제공하겠다며 부탁한 결과는 아니었다. 우리 성직자들은 부끄러운 줄도 모르고 우리에게 속하지 않는 대지에 매장될 권리를 팔고 있지 않은가? 마치 사유 재산인 양 만인 공동의 재산을 임대하고 있지 않은가? 성직자들은 누구보다 욕심껏 이익을 추구하며, 백성들을 위해서는 한 톨의 씨앗도 뿌리지 않으면서 오로지 저 자신들을 위해, 기껏해야 제후를 위해 살고 있다.

이제 잘 알려진 또 다른 속담을 가지고 어떤 이들은 내게 덤비리라. 모든 노동자는 제 몫을 받을 권리가 있다. 그렇다. 주교나 고리대금업자나 날품팔이나 무슨 구분이 있겠는가! 날품팔이 노동자도 임금을 받으며, 제후들이나 성직자들도 물론 화폐 단위로는 헤아릴 수 없을 만큼 엄청나게 높은 임금이지만 결국 임금을 받을 뿐이다.

❖ Adagia I ix 15
Aureos montes polliceri

산더미만 한 금을 약속하다

이 과장법은 굉장하고 놀랄 만한 약속을 하여 앞으로 아주 훌륭한 것을 갖게 되리라는 희망을 심어준다는 뜻이다.[229] 이 말은 페르시아 사람들이 자신들이 소유한 금광을 야단스럽게 자랑하면서 오만을 부리는 데서 유래한다.

플라우투스는 《스티쿠스》에서 "그래 그 사람은 금으로 가득하기로 유명한 페르시아 사람들의 산을 받을 만한 자격이 있지"라고 말하고 있다.[230] 플라우투스는 《떠버리 병사》에서 '황금으로 된 산'을 언급하였다. "그는 황금 덩어리, 아니지, 황금산을 가지고 있지."[231] 테렌티우스는 《포르미오》에서 말하였다. "그는 노인네를 편지 한 장으로 꾀였지요. 황금산을 약속하다시피 했지요. Is senem per epistolam pellexit, modo non montes auri pollicens."(여기

229 도나투스, 《테렌티우스 주석》 〈포르미오〉 68.

230 플라우투스, 《스티쿠스》 245행 이하.

231 플라우투스, 《떠버리 병사》. 1065행.

서 modo non은 많은 학자가 잘못 해석하고 있지만, 실은 희랍어 mononouchi의 번역어로 '……만이 없다'의 뜻이거나 '…… 거의 그렇다'의 뜻이다. 라티움 어 tantum non을 희랍어를 흉내 내어 이런 의미로 사용하기도 한다. 이런 예를 리비우스[232]나 수에토니우스[233] 내지 발레리우스 막시무스[234]에서 찾아볼 수 있다.)

아풀레이우스는 《변명》에서 말한다. "만약 어떤 사람이 욕심사나워 늘 부족함을 느끼고 많은 이익을 얻어도 만족할 줄 모른다면, 금으로 가득한 산조차도 그를 충족시키지는 못할 것이다."[235] 히에로뉘모스는 《루피누스 반박》에서 말한다. "당신은 황금산을 약속하였다. 하지만 사람들이 도대체 당신의 금은보화 가운데 받은 것이 무엇인가? 누런빛도 찾을 수 없었다."[236] 아리스토파네스는 《아카르나이 구민들》에서 "그는 무려 8개월 동안이나 황금산에 똥을 쌌다"고 했다.[237] 여기서 '똥을 쌌다 cacavit'라는 표현은 희극 작품에서 쓰이는 저속한 말로 '용변을 보다 desedit'를 대신한 말이다.

아테나이오스는 그의 책 제12권에서 콜로폰의 포이닉스를

---

232 리비우스, 《로마사》 5, 7, 2.

233 수에토니우스, 《12황제전》 〈티베리우스〉 2, 1.

234 발레리우스 막시무스, 《훌륭한 언행》 1, 8, 10.

235 아풀레이우스, 《변명》 20, 8.

236 히에로뉘모스, 《루피누스 반박》 3, 39.

237 아리스토파네스, 《아카르나이 구민들》 82행.

묘사하면서 산 대신 바다를 가지고 니노 임금의 재산을 기록하였다. "그는 황금의 바다를 소유하고 있었다."[238] 살루스티우스는 《카틸리나》에서 이 격언을 약간 바꾸어 사용하였다. "그는 바다와 산을 약속하였다."[239] 페르시우스도 마찬가지로, "어마어마한 산을 약속하였다"라고 적었다.[240] 이 과장법은 따라서 금과 관련된 것이 아니라 다만 산과 관련되어 있다.

238 아테나이오스, 《현자들의 저녁 식사》 530e.

239 살루스티우스, 《카틸리나》 23, 3.

240 페르시우스, 《풍자시》 3, 65.

❖ Adagia I ix 69
Elephantum ex musca facis

모기를 코끼리로 만들다

모기를 코끼리로 만들다.[241] 즉 아주 작은 물건을 과장하고 부풀려 사람들에게 이야기하다. 루키아노스는《파리 찬가》에서 말한다. "나는 아직 해야 할 이야기가 많지만, 그럼에도 이쯤에서 말을 마치려 한다. 왜냐하면, 나는 그리하여 격언에도 이르다시피 모기를 코끼리로 만든다는 인상을 주고 싶지 않기 때문이다."[242]

이런 표현은 호메로스로부터 기원하지 않았을까 싶다. 호메로스는 신들과 영웅들의 전쟁을 노래하는 가운데 모기의 무모함을 묘사하면서 이를 불굴의 메넬라오스와 비교하였다.[243]

성 아우구스티누스는 그의 책《마니교도에 대항하는 두 영혼에 관하여》에서 파리를 태양의 자리에 두어, 생명을 가진 것

241 제노비오스,《격언 선집》3, 68.

242 루키아노스,《파리 찬가》11.

243 호메로스,《일리아스》제17권 570행 이하.

을 무생물에 앞세우려는 듯 파리를 태양에 앞세우는데 주저하지 않았다.[244]

244 아우구스티누스, 《마니교도 파우스투스에 대항함》 4.

❖ Adagia I x 33
Inexplebile dolium

밑 빠진 독

이 격언은 여러 가지에 적용될 수 있다. 우선 음식을 즐기는 대식가를 가리킨다. 더 정확하게는, 마시면 마실수록 점점 더 많은 술을 찾는 술고래를 두고 생겨난 말이다(페르시아 사람들의 특징 가운데 하나라 한다). 페스투스는 그렇게 생각한 것처럼 보인다. 그는 어떤 작가 ─ 누구인지는 인용한 자리가 지워져 잘 모르겠다 ─ 가 위장을 '밑 빠진 항아리'라고 말하였다고 전하였는데,[245] 왜냐하면, 위장은 본성적으로 결코 완전히 채워질 수 없는 성질의 기관으로서, 입을 통해 계속해서 밀어 넣어도 결국 다른 쪽으로 도로 밀려 나가기 때문이라고 하였다.[246]

또한, 이 말은 건망증이 심한 사람에게도 잘 어울리는 말이다. 사람들이 무언가를 명심하도록 단단히 일러두어도, 금세 다시 잊고 까맣게 모르다가 다시 사람들이 말해주어야 깨닫는 사

245 플라우투스, 《거짓말쟁이》 369 행.

246 폼페이우스 페스투스, 《단어의 의미에 관하여》 242.

람 말이다. 이런 자를 아리스토파네스는 《구름》에서 스트렙시아데스를 통해 다음과 같이 묘사하고 있다.[247]

> 그런 자들은 작은 일이라면 무엇이든지 새겨두지
> 못하고 알기도 전에 모두 까먹는다.

거의 같은 의미로 플라우투스는 《거짓말쟁이》에서 말한다. "우리가 이야기한 것은 다만 밑 빠진 항아리에 들어갔으니, 우리의 수고는 허사였다."[248]

이 말을 우리는 또한 지나치게 사치스러운 인간을 지시하는 말로 쓸 수도 있다. 아리스토텔레스는 《경영》 제1권에서 말하였다.[249]

> 사람은 재산을 획득할 줄 안다. 한편 그는 재산을 보존하려는 본성을 가지고 있다. 만약 그렇지 않다면 사실 재산을 획득하는 것은 의미가 없는 일이다. 이는 다만 체로 물을 긷는 것과 같고, 격언에 이르듯 밑 빠진 독에 물 붓기이다.

반대로 지나치게 탐욕스러운 자에게도 적용될 수 있다. 욕심

247 아리스토파네스, 《구름》 630행 이하.

248 플라우투스, 《거짓말쟁이》 369행.

249 위-아리스토텔레스, 《경영》 1344b23 이하.

사나운 자들은 사실 만족이라고는 전혀 알지 못하고 많이 가지면 가질수록 자신이 가난하다 생각하기 마련이다. 이러한 예를 플루타르코스가 《물욕에 관하여》라는 책에 기록한 솔론의 시에서 확인할 수 있다.

한도 끝도 없는 소유의 욕망이 인간에게 존재한다.

제노도토스는 하데스를 밑 빠진 항아리로 생각하는 것이 어떨까 하는 의견을 피력하였다. 왜냐하면, 수천수만의 망령이 내려온들 절대 채워지지 않기 때문이다. 유대의 현자도 비슷하게 하계를 충족시킬 수 없는 것의 항목에 집어넣었다. 이 표현도 다른 사람들에게 주저함이 없이 재산을 빼앗아 다만 주저함이 없이 또 다른 사람들에게 탕진하는 사람들에게도 잘 어울린다.

이미 여러 번 언급되었다시피 헛된 고생을 의미하는 말로 사용하기도 한다. 예를 들어 카툴루스는 "이 자는 처녀들의 물동이로 구멍 난 항아리를 채울 것이다"라고 말하였다.[250]

이 격언은 잘 알려진 다나오스의 딸들에 대한 신화에서도 나타난다. 이 처녀들은 첫날밤 자신의 남편들을 저승으로 보낸 죄의 대가로, 새는 바가지에 물을 담아 밑 빠진 독을 채워야 하는 벌을 받았다. 이 얼마나 힘겹고 끝도 없는, 더군다나 아무 의미

---

250 사실 프로페르티우스의 문장이다. 프로페르티우스, 《사랑의 엘레기》 2, 1, 67.

없는 노동인가! 이 신화를 호라티우스는 《서정시》에서 언급하였다.[251]

그리하여 헛된 물로
밑으로 사라지는 항아리를 채우나니

이런 종류의 것을 티불루스도 말하였다.[252]

다나오스의 딸들은 그리하여 퀴프리아의 여신에게 불경하였나니,
레테 강의 물을 한없이 구멍 난 항아리에 채운다.

루키아노스는 이 말을 《티몬》에서 언급하고 있으며,[253] 아리스토텔레스는 《정치학》 제6권에서 언급하였다.[254] 루키아노스는 《헤르모티모스》에서 다음과 같이 적었다. "사람들이 계속해서 길어낼지라도 그 안에는 언제나 길어낼 것이 남아 있었다. 그런즉슨 철학은 밑 빠진 독의 정반대이다."[255] 또한, 플라톤도 이 격언을 여러 번 사용하였는데, 특히 《고르기아스》에서 읽을 수 있다.[256]

---

251 호라티우스, 《서정시》 3, 11, 27행 이하.
252 티불루스, 《사랑의 엘레기》 1, 3, 79행 이하.
253 루키아노스, 《티몬》 18.
254 아리스토텔레스, 《정치학》 1320a31.
255 루키아노스, 《헤르모티모스》 61.
256 플라톤, 《고르기아스》 493c.

❖ Adagia II i 10
in eadem es navi

한 배에 올라

키케로는 《친구들에게 보내는 편지》 제2권 〈쿠리오에게 보내는 편지〉에서 다음과 같이 적었다. "전에 내가 적어 보냈듯, 당신이 어디에 있든지 당신은 한 배를 타고 있는 셈입니다. 하지만 지금 당신이 여기에 없다는 사실에 감사합니다."[257]

키케로는 '한 배'를 '함께 처한 위험'이라는 뜻으로 사용하고 있다. 왜냐하면, 같은 배를 타고 있는 사람들은 모두 함께 난파의 위험을 같이 겪기 때문이다. 배꼬리에 앉아 있든, 뱃머리에 타고 있든, 아니면 배의 중앙에 있든지 간에 아무런 차이가 없으며, 어떤 경우이든 위험은 마찬가지이다. 그리고 키케로는 다른 자리에서 다음과 같이 적었다.[258]

인간은 누구나 다른 사람이 잘되는 꼴을 보고자 하지 않으며,

257 키케로, 《친구들에게 보내는 편지》 2, 5, 1.

258 Cic. or. frg. B 13.

심지어는 다른 사람을 파멸시키기 위해 자신도 함께 타고 있는 배 밑에 구멍을 내기도 한다는 사실에 나는 놀라움과 괴로움을 하나 가득 느꼈다.

즉, 국가가 무너지면 자신도 함께 파멸할 수밖에 없는데도 사람들은 국가를 파괴하려고 한다는 것이다.

아리스토파네스는 《말벌》에서 말한다. "왜냐하면, 국가에 관하여 그것은 커다란 배 한 척에 해당한다." 배를 국가에 비유하는 것은 많은 시인에게서 흔한 일이다.[259]

259 아리스토파네스, 《말벌》 29 행.

❖ Adagia II i 52
Alterum pedem in cymba Charontis habere

한 발을 카론의 배에 올리다

나이가 많고 쇠약한 노인네들을 일컬어 오늘날에도 사람들은 속되게 "한 발을 카론의 배에 올리다"라고 말한다. 루키아노스가 《변명》에서 이와 유사한 말을 언급한다. "아이아코스에게로 이미 나아간 사람, 그리고 아직 전혀 한 발을 카론의 배에 들여놓지 않은 사람."[260] 또 《종파에 관하여》에서 말한다. "소위 이미 한 발을 카론의 배에 올린 사람."

폼포니오스는 《법학요강 Pandectae》 제40권, '신탁유증의 자유'와 '율리아누스'라는 제목의 장에서 다음과 같이 기록하였다. "배움의 즐거움, 나는 이것을 내 생애 78년에 이른 지금까지도 진실로 이성적인 삶의 가치로 여기고 있기에, 나는 이 즐거움에 관하여 율리아누스로부터 유래하는 널리 알려진 금언을 언급하고자 한다. 즉, 나는 한 발을 카론의 배에 올리고 있다 하더

260 루키아노스, 《변명》 1.

라도, 항상 무언가를 배우고자 하는 욕심을 갖고 있다."[261] 또는 다음 인용문에 관하여 나는 루키아노스의 《소망들》일 것으로 생각하지만 확실하지는 않다. "한 발을 그 배에 올려놓았다."[262]

플루타르코스는 저작 《교육에 관하여》에서 노인을 조롱하는 속어로서 널리 쓰이는 '구닥다리'와 '송장'을 언급하면서, 이런 말은 세월이 노인들을 둔하게 만들고 마치 이제 무덤에 들어가야 할지도 모르기 때문에 생겨났다고 전한다.[263] 플라우투스는 '사망 후보자'라는 말을 쓰는가 하면[264] 테렌티우스는 '제삿밥'이라는 말을,[265] 또 누군지를 모르지만 '관 뚜껑'이라는 말을 노인에 대한 속어로 언급하였다. 헤쉬키오스와 《수다 사전》에 따르면, 희랍 사람들은 노인을 '묘지를 지고 다니는 사람' 또는 '수렁에 떨어질 사람'이라고 불렀다고 한다. 즉 노인들은 이제 곧 무덤으로 들어갈 것이며 다른 한편 하계로 내려가기 직전이라는 것이다. 수렁은 널리 그렇게 믿어지는바, 죽은 자들이 하계에 내려가서 건너야 하는 강 스튁스를 가리킨다.

261 Pompon. dig. 40, 5, 20.

262 루키아노스, 《소망들》 17.

263 플루타르코스, 《교육에 관하여》 13b.

264 플라우투스, 《상인》 290행.

265 테렌티우스, 《형제들》 587행.

❖ Adagia II ii 1
Sine Cerere et Baccho friget Venus.

케레스와 바쿠스가 없으니 베누스도 얼어붙는다

테렌티우스는《환관》에서 이르길

> '저 옛말이 하나 그르지 않구려, 케레스와 바쿠스가 없으니 베누스 여신도 얼어붙는다는 속담 말이요.' 시골뜨기 농부가 멀쩡할 때는 기생을 꺼리다가 한잔 들어가니 기생을 받아들이며 하는 말이다. 밥을 먹고 술을 한잔 걸치니 여자 욕심이 생겼기 때문이다.

대지의 여신 케레스로 하여금 음식을 대표하게 하고, 술의 신 바쿠스로 하여금 음주를 대표하게 하고, 베누스(Venus) 여신으로 하여금 사랑을 대표하게 하는 수법이 이 속담에서 눈에 들어온다.

도나투스 Donatus가 전하는바, '얼어붙는다 friget'라는 말도 은유적인 표현이다. 포도주 단지를 밀봉하기 위해 역청을 사용하는

데 날이 추워지면 이것이 얼어붙어 술을 퍼낼 수 없게 된다. 이 얼마나 대단한 주석인가! 이 사람은 이 주석이 그의 것이라면 대단한 학자임이 틀림없다.

사랑하는 사람은 불로 가득하니, 사랑이 그의 마음에서 떠나면 우리는 '식어 버렸다'고 말한다. 호라티우스는 "나는 이 순간 이후로 다시 그 어떤 여자 때문에 달아오르지 않으리라" 하였다. 제 아내를 돌아보지 않는 남편에게 '식어 버렸다'고 할 수 있을 것이다.

성 제롬은 테렌티우스의 이 말에 덧붙여 노골적인 설명을 덧붙인다.

> 뱃가죽이 탱탱하면 몸의 저 일부분도 탱탱해지는 법이다.
> 식욕은 성욕과 막역한 동무이다.

술은 특히 성욕을 자극한다. 그래서 바울 서신에 이르길 "술 취하지 말라 이는 방탕한 것이니" 하였다. 에우리피데스는 "술이 빠지면 사랑도 없다"고 하였다.

아타나시오스가 지은 《현자들의 저녁 식사》의 제6권에는 어떤 견유 철학자의 발언이 인용되어 있다.

> 창자가 비어 있으면 아름다운 여인에 대한 욕망도 없게 마련이다. 왜냐하면, 퀴프로스 섬에서 태어난 사랑의 여신은 굶주린 사

람들에게는 냉정하다.

아타나시오스의 같은 책 제10권에서 아리스토파네스가 다음과 같이 말하는 장면이 등장한다.

> 포도주는 베누스 여신의 젖이다. 왜냐하면, 포도주는 욕망을 불러오기 때문이다.

이제까지 적어놓은 것과는 반대로 아리스토텔레스는 너무 지나치게 포도주를 마시면 합궁에 어려움을 겪는다고 적어 놓았다. 포도주는 정자들의 힘을 약화한다고 말한다. 그래서 알렉산드로스 대왕이 성적으로 무능하였는데 지나치게 포도주를 마신 결과다.

❖ Adagia II ii 40
Ollas ostendare

막사발을 자랑하다

"바가지를 내세우다"라는 격언은 무언가 그 자체로는 지저분하고 미천한 것을 마치 귀한 것인 양 과시하는 경우를 가리킨다. 플루타르코스는《젊은이들이 어떻게 문학을 공부할 것인가?》라는 글에서 소피스트들이 칭송연설에 어울리지 않는 주제들을, 예를 들어 구토와 열병과 부시리스 등과 같은 여타의 것들을 들먹이는 관례를 비판하면서, "당신들이 원한다면, 막사발을 내세우시든지"라고 말했다. 물론 이런 주제를 선정하여 연설연습으로 삼거나 혹은 여가를 즐기고자 하였다면, 그것이 직접적인 불쾌감을 유발하는 것은 아닐 것이다. 왜냐하면, 이런 식으로 경솔한 글쓰기 가운데에도 무언가 유익하고 즐거운 것이 담겨 있기 때문이다. 하여 "웃음으로 진실을 이야기하는 것은 어떤 법도 금하지 않았다"는 말이 있다.[266] 실제 이렇게 할 때에 진실은 반감을

266 호라티우스《풍자시》1, 1, 24~25행.

사지 않고 사람들의 마음속으로 파고 들어가 따뜻한 환영을 받기 마련인데, 이런 방식이 진실을 받아들이게끔 하는 매력을 갖고 있기 때문이다. 아울루스 겔리우스는 망설이지 않고, 심각한 표정으로 하늘에서 떨어진 스토아학파의 도덕론을 언급하기보다는 차라리 아이소포스[267]의 재미난 우화를 선택하였다. 플루타르코스는 직업적인 우스갯소리 작가처럼 보이지 않고, 다만 골계미가 넘치는 작풍의 철학자가 글을 쓰고 있음을 독자에게 잊지 않도록 하는 한계를 두었을망정, 그 자신도 《그릴루스》라는 글에서 이런 식의 글쓰기를 택하였다.

나 또한 《우신예찬》이라는 제목의 우스개 같은 작품을 몇 해 전 썼다. 나는 겨우 이레 만에 이 글을 완성하였는데, 아직 내 여행 가방이 도착하지 않아 이렇다 할 참고 서적도 없이 작성하였다. 이 작은 책자가 거둔 성과로 보건대 나는 이 작품이 공정한 마음을 가진 사람들이나 혹은 고전문헌에 조예가 깊은 인물들로부터 좋은 평판을 얻었다는 사실을 지적하고자 한다. 이들의 평가를 따르면 이 책에 담긴 여러 우스개와 농담들은 논외로 하고, 이 책은 인간 행동의 기준을 아리스토텔레스의 《윤리학》 혹은 《정치학》보다 높이는데 절실한 것을 많이 담고 있다. 물론 아리스토텔레스의 가르침은 — 그는 비기독교인이었지만 — 일반적인 비기독교인들에게서 찾을 수 있는 수준을 넘어섰음에도 불구하고

267 이숍의 희랍식 원래 이름.

말이다. 간혹 나는 몇몇 사람들로부터 책과 관련된 비난을 듣기도 하였지만, 그 수는 많지 않았으며, 이들은 야만적이고 무미건조하며, 무사이 여신들과의 교류에 있어 전혀 무지한 그런 종류의 인간들이었다. 이들은 여타의 문학 형식들에 대해서는 불구대천의 원수임에도 불구하고 나름대로 유베날리스를 읽었는데, 여기서 얻은 자양분으로 힘을 축적하여 그들의 설교 가운데 군주와 사제와 상인과 특히 여인들의 악덕을 공격하였다. 또한, 종종 이들은 저들의 악덕을 아주 음란한 언어로 풀어 무언가를 가르치려 하였다. 하지만 내 경우에 있어 내가 고른 주제도 주제려니와 실로 다양한 방향으로 광대한 영역을 다루고 있기 때문에 이들과 비견할 수 없을 뿐만 아니라, 나는 특히 나 자신을 제외한 어떤 개인도 공격하지 않았다. 나는 범죄와 악덕의 카마리나 늪을 건드리지 않았으며 많은 부분에서 이들의 역겨움보다 이들의 재미난 점을 언급하였다. 이들은 "당신은 추기경과 주교, 교회학자들, 군주들을 비판하였다"라고 말한다. 그러나 한 가지, 이들은 온건함을 — 정작 이들이 사용했노라고 내 주장하는 온갖 악의를 나는 모두 빼버리고 — 오로지 온건함을 내가 남겨놓았다는 것을 놓치고 말았다. 또한, 이들은 성 히에로뉘모스의 원칙 — 악행을 다루는 일반적 논의에서는 개인에 대한 비방을 배제함으로써 누구에게도 악인이라는 꼬리표를 붙여서는 안 되며, 그렇다고 스스로 악행에서 벗어난다고 생각해서도 안 된다는 원칙 — 을 내 글이 따르고 있으므로 알아차리지 못했다. 그렇다고 이들이, 모든 군주가 현명하며, 모든 교회학자가 오류를 범하지 않으며, 모든 주교와 교황들이 바오로와 성 마르티노와 같으며, 모든 사제와 수도승들이 성 안토니오와 성 히에로뉘모스와 같다고 주장하는 것은 아닐 것이다. 이들은 대화의 대원칙을 알지 못하는 것이다. 즉 말투는 화자에게 적합해야 한다는 원칙 말이다. 이 책에서 이들은 우신이 아니라 에라스무스가 말하고 있는 것으로 생각하는 것 같다. 만일 어떤 사람이 기독교인과 비기독교인의 대화를 구성한다고 할 때, 비기독교인으로 하여금 기독교의 가르침에 어긋나는 말을 하게 만들었다고 해서 이것을 파문당할 일이라 하겠는가? 마지막으로, 물론 마지막이라고 해서 제일 비중이 적다는 것은 아니니, 심지어 독재자들도 그들의 어릿광대가 지껄이는 소리에는 웃음으로 화답하며, 그런 소리에 화를 내는 것은 교양인답지 못한 행위라고 생각하고 있다. 따라서 이들이, 과연 이들을 어떤 사람이라 해야 할지 모르겠으나, 우신이 던지는 한마디 말조차 듣고 넘기지 않는다면, 그래서 마치 악행을 논의하는 문맥에서 언급된 말 한마디가 자신을 가리킨다고 생각한다면 이에 나는 놀라움을 금할 수 없다. 이제 《우신예찬》과 관련된 말은 이 정도에서 충분하다 싶으니, 우리의 주제인 막사발로 돌아가 보자.

이제 이 격언은 내가 다른 곳에서 언급한 다른 격언과 연관되어 있다. "당신은 뚝배기에 칠을 하고 있다."

❖ Adagia II ii 48
Ignis mare mulier tria mala

불, 바다, 여자, 불길한 세 가지

집에 불이 붙는 것만큼 끔찍한 일도 없다. 바다도 또한 수많은 위험을 안고 있다. 그래서 희랍의 비극작가 아이스퀼로스는 《페르시아인들》에서 이르길, 바다는 정복할 수 없는 파도로 가득하다. 이 속담은 여자도 이 두 가지와 흡사하다고 말하고 있다. 라콘이라는 사람은 몸집이 작은 여인과 결혼하였는데 종종 말하길 그래도 저 세 가지 불길한 것 중에서 마지막 것을 골랐노라 하였다. 에우리피데스의 비극 《메데이아》에서 여주인공은 여인이야말로 불길한 일을 불러오는 존재임에 동의를 표한다. "우리는 지금 우리인바, 여인이며 — 이런 말을 해서는 안 되지만 — 사악한 존재이다."

비잔틴 시대의 학자 플라누데스 Planudes는 아이소포스의 전기를 쓰면서 에우리피데스의 이 부분을 인용하면서, 여인을 모든 악의 으뜸으로 뽑았다.

바다에 몰아치는 파도의 분노는 쉼이 없으며
넘쳐흐르는 홍수도, 뜨거운 불길도 그러하다.
가난도 끔찍한 일이며 또 몇 가지를 들 수도 있지만
그 어떤 것보다 소름 끼치는 것은 여인이다.

❖ Adagia II ii 57
Archilochia edicta

아르킬로코스적 발언

키케로는 《아티쿠스에게 보내는 편지들》 제2권에서 이런 표현을 마치 격언처럼 사용하고 있다.[268]

> 비불루스가 행한 아르킬로코스적 발언에 대하여 민중들은 대단한 재미를 맛보았다. 이 발언이 개시되었을 때, 이를 읽기 위해 사람들이 어찌나 모여들었던지 그 옆으로 지나갈 수도 없을 정도였다.

여기서 키케로는 '아르킬로코스적'이라는 형용사로써 '악의적인' 내지 '증오가 가득 찬'이라는 말을 표현하고자 하였다. 아르킬로코스라는 시인이 가진 신랄함은 이미 많은 사람에게 알려졌다. 그는 자신을 모욕한 장인 뤼캄베스와 그의 딸을 섬뜩한 정도로 무서운 시구로 공격하였는데, 결국 그 둘은 스스로 목숨을 끊어야 했을 정도였다 한다.

268 키케로, 《아티쿠스에게 보내는 편지들》 2, 21, 4.

❖ Adagia II vi 14
Tantali poenae

탄탈로스가 받은 벌

탄탈로스의 형벌은 어떤 사람에게 온갖 좋은 것들이 가득하지만 정작 그것을 누리지는 못하는 경우를 일컫는다. 이 격언은 탄탈로스의 신화로부터 유래한다. 하계에 내려간 탄탈로스의 운명을 시인들은 다음과 같이 노래하고 있다. 탄탈로스는 강물에 몸을 담그고 갈증에 시달린다. 그가 물을 마시려고 몸을 숙이면 물이 입술에 닿을 듯 닿지 않는다. 그의 머리 위에는 과실이 넉넉히 달린 나무가 있지만, 그가 열매를 따기 위해 손을 뻗으면 잡힐 듯 잡히지 않는다. 이 불쌍한 사내는 풍요의 한가운데 고통스러운 결여에 시달리고 있다.

예전부터 탄탈로스를 부유하지만 인색하고 고약한 사람들에 비유하는 것은 흔한 일이었다. 호라티우스는 그의 《풍자시》에서 다음과 같이 증거로 제시하고 있다.[269]

---

269 호라티우스, 《풍자시》 1, 1, 68 이하.

탄탈로스는 목마른 입술에서 달아나는 물 잔을
잡으려 안간힘이었다. 왜 웃느냐? 이름만 바꾸면 바로 당신을
이 전설이 이야기한다. 너는 사방에 쌓아올린 재물 더미에
몸을 숨기고 잠을 자는구나. 신에 바쳐진 양 아니면 벽에 걸린
그림인 양, 보고 즐거워할 뿐 쓰려 하지 않는구나.

그리고 호라티우스의 《서정시》에서 "넘치는 재물 가운데 그렇게 가난한"이라고 말하고 있다.[270] 나치안주스의 그레고리오스는 바실리우스에게 보내는 편지에서 이러한 비유를 세상의 쾌락에 비유하였다. 세상의 쾌락은 결코 가슴을 만족하게 할 수 없다는 것이다. "탄탈로스처럼, 그처럼 저주받아 물 한가운데서 목말라 우리는 저 가련한 운명의, 결코 만족을 가져다주지 못하는 판다시아를 받았다."[271] 여기서 판다시아는 희랍 사람들이 진귀하고 맛있는 음식으로 가득 채워진 식탁을 가리키는 말이다.

---

270 호라티우스, 《서정시》 3, 16, 28 이하.

271 나치안주스의 그레고리오스, 《서한집》 5.

❖ Adagia II iv 90
Venereum Iusiurandum

사랑의 거짓맹세

사랑의 거짓맹세는 처벌되지 않는다. 이 말의 의미는 그러니까 사랑의 맹세는 구속력을 갖지 않으며 신들도 이 맹세를 그다지 진지하게 받아들이지 않기 때문에, 그것이 말처럼 이루어질 것이라고는 생각지 않는다는 뜻이다. 오비디우스는 말했다.[272]

> 유피테르는 천상에서 미소를 보낸다, 사랑의 거짓맹세에게.
> 아이올리아의 남풍에 실려 그 맹세가 날아갈지어다.

그리고 호라티우스[273]

> 내 말 하노니 베누스조차 웃을 일이며
> 순진한 님프들도 그러하다.

---

272 오비디우스, 《사랑의 기술》 1, 633 이하.

273 호라티우스, 《서정시》 2, 8, 13 이하.

티불루스도 노래한다.[274]

사랑하는 이들의 거짓맹세에 유피테르는
웃음을 보내고 바람에 날려 보내도록 명하신다.

이 격언은 플라톤의 《향연》에서 인용되었다. "그리고 무엇보다 놀라운 일은, 대중의 지혜에 따르면, 신들은 사랑하는 자가 맹세하고 그 맹세를 저버린다 하더라도 그를 용서하였다는 점일세. 왜냐하면, 사람들이 말하는바, 사랑의 맹세는 전혀 맹세가 아니니까. 신들과 인간들은 사랑하는 사람에게 이를 엄청나게 폭넓게 인정한다네." 플라톤의 글에서 아마도 '처벌할 수 있는'이라는 형용사가 생략된 듯하다. 즉 "왜냐하면 사랑의 맹세는 처벌할 수 있는 것으로 생각하지 않았네."[275]

에피파니오스에게 보내는 마지막 편지에서 프로코피오스는 이런 생각을 피력한다. "사랑하는 사람들에게는 신들도 거짓맹세를 용서한다는 말은 사랑하는 사람의 감정을 정확하게 드러내고 있다."[276] 플라톤은 《필레보스》에서(아테나이오스의 책 제12권에 따르면) 말한다. "흔히 가장 커다란 즐거움이라고 말하는 성적인 사랑에서 거짓 맹세는 신들에게도 용서를 받는다네. 즉 욕정이

274 티불루스, 《사랑의 엘레기》 6, 49 이하.

275 플라톤, 《향연》 183b.

276 프로코피오스, 《서한집》 148.

란 어린아이와 같아 이성적 판단능력이 없기 때문일세."[277] 칼리마코스에서 인용된 글은 다음과 같다.[278]

> 그는 맹세하였다. 사람들이 말하듯 사랑하는 이의
> 입에서 나온 어떤 맹세도 신들의 귀에 이르지는 않는다.

여기서 첫 번째 시행은 어딘지 좀 어색하다. 모든 종류의 약속에, 만약 이를 지키리라는 확신이 서지 않는다면, 이 격언을 적용할 수 있을 것이다.

---

277 아테나이오스, 《현자들의 저녁 식사》 511; 플라톤, 《필레보스》 65c.

278 스토바이오스, 《문학 선집》 28, 9 ; 칼리마코스, 《격언시》 25, 3.

❖ Adagia II vi 23
Bellum haudquaquam lachrymosum

눈물 없는 전쟁

피 한 방울 흘리지 않고 전쟁에서 승리를 거둔다면, 아주 곤란한 상황에서 별다른 피해 없이 벗어난다면, 욕설을 퍼부으며 싸울지언정 주먹을 주고받을 정도의 극단적 상황은 피한다면, 논쟁이 벌어지나 누구도 손해 보지 않고 마무리된다면, 예를 들어 문학적인 논쟁에서처럼 패한 자는 지식이 풍부해지며, 이긴 자는 타협하는 법을 배우게 된다면 이것은 눈물 없는 전쟁이라 할 수 있다.

이 표현은 스파르타 사람들에게 내려진 오래된 신탁에서 비롯되었다고 한다. 그들은 도도나에서 아르카디아 사람들과의 전쟁을 앞두고 있었다. 신탁에 이르길 눈물 없는 전쟁을 치르게 될 것이라 하였다. 그리하여 그들은 전쟁터에서 단 한 사람도 잃지 않고 승리를 거두었다고 한다. 마찬가지로 우리도 이렇게 전혀 희생을 치르지 않은 승리에 덧붙여 '피 흘리지 않은'이라 말한다. 그리고 희랍 사람들은 '눈물 없는 전쟁'이라고 말한다. 플루타르코스는 자신의 저작《로마인들의 행복》에서 아에밀리우스 파울루스가 페르세스에 대항하여 거둔 승리를 '눈물 없는 승리'라고 부르고 있다.[279]

이 격언은 때로 다음과 같은 형식으로 인용되기도 한다. "피 한 방울 없는 승리의 기념비를 세우다."[280] 피타코스에게 내려진 신탁도 유명하다. "피를 쏟는 일 없는 승리를 거두어야만 한다." 이 신탁을 디오게네스 라에르티오스가 전하고 있다.[281] 의미상 서로 통하는 격언 가운데 내가 희랍의 격언집에서 찾은 다음과 같은 말이 있다. "칼 한번 휘두르지 않은 전쟁이 희랍에서 벌어졌다."[282] 이 격언은 즉 무기를 통해 승리한 것이 아니라 논쟁을 통해 승리하였음을 의미한다. 이런 종류의 분쟁은 이성을 가진 동물이 인간이라고 할 때 인간에게 딱 알맞은 분쟁으로 유일한 것이다.

사실 무기를 들고 서로에게 덤벼드는 것은 야생의 짐승 혹은 내 개인적으로는 야생의 짐승보다 한 단계 더 저급하다고 여기는 검투사들에게나 어울리는 종류의 것이다. 물론 사람들은 '눈물 없는 전쟁'이 가능하다고 여기지 않을 수도 있다. 하지만 기독교를 신봉한다는 저 왕후장상들이 벌이고 있는 야수의 전쟁으

279 플루타르코스,《로마인들의 행복》318b.

280 미카엘 아포스톨리우스《격언집》3, 21.

281 디오게네스 라에르티오스, 1, 77.

282 미카엘 아포스톨리우스《격언집》14, 62.

로 인해 얼마나 많은 사람이 희생되었는가를 눈으로 직접 확인한다면 사람들의 생각도 바뀔 것이다. 저들은 이교도들의 잔인과 야만인들의 잔혹이 생각해 내었던 그 어떤 것보다 한층 끔찍스럽게 세련된 무기를 들고 싸우고 있다. 덧붙이자면 게르만족에 속하는 한 부족은 누구보다도 많은 사람을 도살한 것을 굉장한 자랑거리로 삼는다고 한다. 이것만으로도 이미 충분하다 하겠으나 더욱 끔찍한 사실은 그들이 마치 푸줏간의 백정이 돈을 받고 마소를 잡듯이 그렇게 돈에 팔려 제 일도 아닌 일을 하면서 그런 짓을 저지르고 있다는 점이다.

각설하고 이 격언은 격언과는 직접 연관이 없는 영역에 적용될 때 더욱 그 빛을 발한다 하겠다. 예를 들어 토론이나 말로 벌어지는 분쟁에서 말이다.

❖ Adagia II vi 82
Bellerophontes litteras

벨레로폰테스가 편지를

이 격언에는 동사를 보충해 넣어야 한다. '건네다' 또는 이와 비슷한 말을 생각해 볼 수 있다. 이 격언은 다음과 같은 경우를 가리킨다. 즉 어떤 사람이 편지를 전달하매, 본인 스스로는 자신을 천거하는 편지라고 생각하지만, 사실 자신에게 불행을 가져올 편지를 배달하는 경우이다. 우리는 이런 편지를 우리아의 편지라고 부르곤 한다. 유대인들에게 전해지는 우리아의 이야기도 이와 흡사하다.

벨레로폰테스의 편지에 관하여 희랍인들은 다음과 같은 이야기를 전하고 있다. 벨레로폰테스는 벨레로스를 살해한 죄로 아르고스를 떠나 망명생활을 해야 했다. 그가 튀린스에 도착하였을 때, 튀린스의 왕 프로이토스는 그를 환대해 주었다. 그런데 프로이토스의 아내, 안테이아가 이 젊은이에게 반하여 그를 유혹하려 하였다. 그러나 벨레로폰테스는 손님 된 사람으로서 신의 처벌을 두려워하여 부끄러운 행동을 거부하였다. 그러자 안테이아의 욕정은 갑자기 증오로 돌변하였다. 그녀는 벨레로폰테스에게 창을 겨누고 은밀히 제 남편에게, 자신을 유혹하려 한다고 모함하였다. 일단 왕이 그녀의 말을 신뢰하게 되자, 이번에는 젊은이를 죽일 것을 종용하였다. 그녀는 계속해서 왕의 귀에 호메로스가 전하는바 다음과 같이 속삭여댔다.[283]

프로이토스여, 당신이 죽거나 벨레로폰테스를 죽이소서!

프로이토스는 하지만 진정한 왕으로서의 면모를 보이며, 호메로스의 말을 빌자면 '음흉한' 계략을 사용해 벨레로폰테스를 일을 핑계 삼아 이오바테스에게 보냈다. 그리고는 벨레로폰테스에게 추천서라며 편지 하나를 써주었다. 편지에서 프로이토스는 이오바테스에게 편지를 가지고 온 젊은이를 여하간 없애 달라고 부탁하였다. 아무것도 알지 못하는 젊은이는 편지를 ― 그가 받았을 때처럼 봉인된 그대로 ― 이오바테스에게 건네주었다. 이오바테스는 편지를 읽고 프로이토스가 부탁한 대로 일을 처리하기 위해, 무언가 명예스럽게 보이나 실은 불가능한 일을 벨레로폰테스에게 부탁한다. 이것이야말로 사악한 제후들이 늘 써먹는 수법이다. 이오바테스는 용감한 젊은이를 자극하여 자신의 용기를 시험해보고 명예를 얻도록 꾀었다. 우선 키메라와 싸우도록 만들

283 호메로스, 《일리아스》 제6권, 164행.

었다. 이 괴물은 세 가지 형상을 지닌 괴물이었다.

위쪽은 사자의 모습을, 아래쪽은 용의 모습을, 가운데는 키메라, 즉 일종의 염소 모양을 하고 있었다. 벨레로폰테스는 날개 달린 말을 타고 화살을 쏘아 키메라를 맞추었다. 이후에도 이오바테스는 벨레로폰테스에게 거듭해서 새로운 도전을 제시하였으며, 그때마다 젊은이는 승리를 거두고 귀환하였고 왕은 젊은이의 힘에 놀라지 않을 수 없었다. 거듭되는 승리는 젊은이의 결백을 증명하고 있다고 생각한 이오바테스는 그를 사위로 받아들였다. 마침내 왕은 프로이토스의 편지를 보여주었다. 왕이 죽고 나서 벨레로폰테스는 왕위를 물려받았다.

만일 어떤 사람이 저 스스로 해가 되는 일을 아무 생각 없이 행하고 말할 때 벨레로폰테스가 편지를 건넨다고 말할 수 있다. 또 어떤 사람이 임무라는 명목으로 어려운 일을 떠맡은 경우에도 쓸 수 있다.

이 격언은 제노도토스에서 읽을 수 있다. 플라우투스는 《바쿠스의 여인들》에서 노래한다.[284]

> 조용히! 모두 침묵하시오! 당신이 내게 건넨 편지가 당신을 고발하고 있구려, 이 편지가 당신을 묶으라고 명하고 있소. — 그렇다면 당신의 아들이 나를 벨레로폰테스로 만들었구려! 나 자신을

284 플라우투스, 《바쿠스의 여인들》 808 이하.

묶으라고 명하는 편지를 전달한 사람이 바로 나라니! 인제 그만.

이 격언은 다음과 같은 형태로 나타나기도 한다. 저 자신을 고발하는 벨레로폰테스. 루키아노스의 책《돈을 위해 자신을 파는 사람들을 위한 변명》에서 말한다. "당신 벨레로폰테스여, 당신은 자신을 깎아내리는 책을 당신 손으로 쓰는구려!"[285] 벨레로폰테스와 비슷한 경우로 파르나바조스 왕이 뤼산드로스에게 행한 일을 들 수 있다. 이 이야기는 플루타르코스의 책, 뤼산드로스의 생애를 다룬 곳에서 읽을 수 있다.[286]

285 루키아노스,《변명》3.

286 플루타르코스, Lys. 19 이하.

❖ Adagia II viii 11
Anus saltat.

호호할매가 춤을 추다

이 격언은 자기에게 어울리지 않는 행동을 하는 사람에게 딱 맞는 말이다. 예를 들어 백발이 성성한 노인네가 아이들의 장난감을 가지고 논다면 어떨까? 혹은 신학자가 화려한 수사에 현혹되어 버렸다면 어떨까? 혹은 왕세손이 네로 황제를 본받아 시낭송회를 개최한다면 어떨까?

이 격언은 내가 앞서 기록한바, 〈낙타가 춤을 추다〉[287]란 격언에 매우 가깝다.

호라티우스는 그의 시에서, 어떤 나이 든 여인이 꼴불견, 전혀 제 나이에 어울리지 않는 짓을 하는 여인에 관해 이야기한다.[288]

루케리아에서 가져온 양털을 짜는 것이지
키타라는 늙어 꼬부라진 당신에게 당치도 않다.

---

287 Adagia II vii 66.

288 호라티우스, 《서정시》 3, 15, 13-16.

붉은빛 장미꽃도 가당치 않으며
바닥을 드러내도록 술통을 비우는 것도 그러하다.

플루타르코스가 쓴 페리클레스의 일대기에서 우리는 엘피니케라 불리는 한 여인을 만날 수 있다.[289] 그녀는 다른 사람들이 모두 지켜보는 가운데 온갖 욕설로써 사람들을 공격하였다. 하지만 그녀는 아르킬로코스가 지은 다음 시 구절 말고는 어떤 대구도 듣지 못하였다.[290]

이제 당신을 늙어 버렸으니
향수를 온몸에 부은들 어찌하리.

라푸스Lapus는 플루타르코스가 인용한 이 구절을 다음과 같이 번역하고 있다.

당신은 향수에 못내 미련을 두고 있구려
이미 늙어 버린 당신이 어찌하려고.[291]

---

289 플루타르코스, Pericles 28, 5.

290 아르킬로코스, 《단편》 205 West.

291 Lapo de Castiglionchio(1405-38). —라푸스는 플루타르코스를 라티움 어로 옮긴 사람이다. '미련을 두다'는 본문대로 하자면 '잊지 않는다'이다. 즉 라티움 어로 non oblita이다. 하지만 라푸스의 라티움 어 번역어 oblita는 '잊다'가 아니라 '바르다'의 oblita로 보았어야 한다. 다시 말해 에라스무스가 음절의 장단을 잘못 이해하여 엉뚱한 번역을 한 것이다.

❖ Adagia II 10 51
Labyrinthus

라비린토스, 미로

미로라 함은 고대로부터 도대체 전혀 알아들을 수 없이 얽힌 주장이나 도저히 헤어날 수 없을 정도의 사태를 가리키는 말이다. 예를 들어 철학에 종사하는 일을 사람들이 미로라고 부를 때, 이것은 철학이라는 것이 일단 거기에 빠져들면 결코 다시는 벗어날 수 없는 것임을 가리키는 말이다. 어쩌면 향락도 미로라 부를 수 있을지 모르겠다. 왜냐하면, 아주 쉽게 거기에 빠져 들어가지만, 거기에서 벗어나는 길을 찾기란 여간 어렵지 않기 때문이다.

미로라는 말은 다이달로스의 미로에서 유래하였다. 다이달로스의 미로는 전설에 따르면 크레타 섬에 있었으며 도저히 크기를 가늠할 수 없이 기다란 굴이 이어져 있었다고 한다. 굴 안으로는 구불구불한 길이 한없이 이어져 있어 자신의 현재 위치를 파악한다거나 마침내 되돌아 벗어난다거나 하는 일은 아예 불가능하였다. 이 미로는 미노타우로스를 가두기 위해 만들어진 것이다. 《수다 사전》은 '라비린토스'의 어원을 '문을 찾을 수 없음'이라는 문구라고 제시하였으며, 설명을 덧붙여 말 많은 사람이나 떠벌려 호언장담하는 사람과 연관시키고 있다. 왜냐하면, 그들은 한번 떠들기 시작하면 도대체 그 끝을 모르기 때문이다. 신학자 그레고리오스는 카에사레아의 에우제비오스에게 보내는 서신에서 미로를 거짓말쟁이와 연관시키고 있다. "나는 그러니까 어떤 한 사내와 이야기를 나누었습니다. 그는 스스로 거짓말하기를 싫어한다 하였으며, 다른 사람들이 거짓말을 하면 곧 알아볼 수 있다고 했습니다. 설사 그들이 자신의 거짓말을 교묘하고도 빈틈없이 미로 속에 감춘다 하더라도 자신 있다고 했습니다."[292]

미로와 흡사한 것으로 마이안드로스라는 것이 있었다. 이것은 일종의 장식으로 미로의 모양을 본뜬 것이다. 이런 것들을 우리는 오늘날에도 때때로 바닥장식에서 볼 수 있다. 프루덴티우스는 '마이안드로스'라는 표현을 자신이 지은 찬가 《하느님의 경배》에서 사용하였다.[293]

너 구불구불 기어가는 자여
수천 가지 마이안드로스를 닮았구나.

---

292 나치안주스의 그레고리오스, 《서한집》 16.

293 프루덴티우스, 《일과 서》 6, 141 이하.

거짓과 속임수로 무장하여
너 영혼의 평화를 해하는구나.

뤼디아 지방에 가면 마이안드로스라는 강이 있다. 이 강이 이런 이름을 갖게 된 것은 바로 굽이굽이 감아 돌며 흘러가고 있기 때문이다.

❖ Adagia III i 60
Vestis virum facit.

옷이 날개

이 말은 널리 잘 알려진 격언 중의 하나이다. "옷이 사람을 만든다. 할 수 있는 한 잘 입도록 해라."

퀸틸리아누스는 《수사학 연습》에서 "희랍인들이 증명하였듯이, 몸에 잘 맞는 옷과 분위기에 잘 어울리게 입은 옷은 사람의 위신을 세워준다" 하였다.

나의 추측을 따르면 퀸틸리아누스는 호메로스의 《오뒷세이아》 제6권에 있는 다음과 같은 구절을 언급하는 것이 아닌가 싶다. "이런 것들 때문에, 당신도 분명히 아실 수 있는데, 좋은 소리를 듣게 됩니다."[294]

또 입는 것에 정성을 쏟는 것이 얼마나 중요하며, 이것이 사람을 훌륭하게 보이게 만들며 또 위신을 세우는 데 필요함을 호메로스는 나우시카 공주가 오뒷세우스에 관해 다음과 같이 말

294 호메로스 《오뒷세이아》 제6권 29~30, 242~3, 236~7행.

하게 함으로써 증명해 보인다. "처음에 저는 그의 외양이 흉측하다고 생각했습니다. 하지만 지금은 천상에 사는 신들과도 같은 분위기를 풍깁니다." 왜냐하면, 오뒷세우스는 처음에는 벌거벗은 채 해안가에 도착하였으며 이제는 빛나는 옷을 걸치고 조금 전과는 전혀 다른 모습을 하고 있기 때문이다.

> 그때에 그는 해안가를 따라와서는 멀리 떨어져 앉았다. 잘 생기고 우아한 풍모에서는 빛이 빛나고 있었다.

❖ Adagia III ii 36
Cestum habent Veneris

베누스의 허리띠

놀라울 정도로 쉽게 사람들의 마음을 사로잡는 사람을 일컬어 베누스의 허리띠를 가졌다고 한다. 이 표현은 호메로스의 책《일리아스》제14권에 등장한다. 헤라는 제우스를 자신의 침대로 유혹하려는 의도에서 아프로디테를 찾아간다. 그리고 그녀로부터 허리띠를 빌려온다. 이 허리띠는 사람을 매혹적이고 사랑스럽게 보이도록 만든다고 한다. 시인은 다음과 같이 이 허리띠를 묘사하고 있다.[295]

> 이렇게 말하고 그녀는 가슴에서 아름답게 수놓은 띠를 풀었다.
> 그 안에는 그녀의 모든 매력이 들어 있었으니
> 그 안에는 곧 애정과 욕망과 아무리 현명한 자의
> 마음도 호리는 사랑의 밀어와 설득이 들어 있었다.
> 이것을 그녀는 헤라의 손에 쥐여 주고 이름을 부르며 말했다.

---

295 호메로스《일리아스》제14권 214행 이하.

"자 아름답게 수놓은 이 띠를 받아 품속에 간직하셔요.
그 안에는 모든 것이 들어 있으니까요. 그대는 아마 무엇이든
마음먹었던 일을 이루지 못하고 돌아오는 일은 없을 거예요."

테오크리토스는 아도니스를 위한 묘비명에서 그 허리띠를 언급하였다.[296]

당신과 함께 베누스의 허리띠도 사라졌습니다.

베누스의 허리띠는 또한 사랑과 욕망을 일깨우는 마법의 도구이기도 하다. 베누스 자신은 이 허리띠를 차고서 전쟁의 신 마르스의 사랑을 얻었다고 전한다. 마르티알리스도 이 허리띠를 언급하고 있다.

소년이여, 너의 목에 오로지 사랑을 감아라.
그리고 베누스의 가슴으로 따스한 허리띠를.

그리고 다른 자리에서[297]

여기 이 허리띠를 집어라. 베누스 여신의 정수를 머금었나니
유피테르도 언젠가 이 허리띠로 인해 사랑을 불태웠다.

---

296 마르티알리스, 《격언시》 14, 206.

297 마르티알리스, 《격언시》 14, 207.

그리고 다시 한 번[298]

당신에게 유노 여신과 베누스 여신조차 사랑의 허리띠를 구하도다.

298 마르티알리스, 《격언시》 6, 13, 18.

❖ Adagia III ii 37
Pontificalis coena

제사장의 저녁 식사

일찍이 사람들은 풍성하고 화려한 식사를 사제의 저녁 식사라고 하였다. 호라티우스는 이러한 관례를 그의 서정시에서 밝히고 있다.[299]

당신은 수백 개의 자물쇠로 숨겨두겠지만,
현명한 상속자는 카에쿠붐의 포도주를 마실 것이다.
그리고 제사장의 저녁 식사보다 더 훌륭하게,
그 비싼 포도주로 바닥을 적실 것이다.

호라티우스의 이 서정시에서 주석가들은 '제사장의 저녁 식사'라는 표현이 진수성찬을 가리키는 말이라고 설명을 붙여 놓았다.[300] 마크로비우스가 그의 책 《사투르누스 축제》 제3권에서

299 호라티우스, 《서정시》 2, 14, 25 이하.
300 호라티우스, 《서정시》 1, 37, 2 난외 주석.

전하는데, 아주 오랜 옛날에 최고 제사장의 저녁 식사는 넘치도록 풍성하였으며 온갖 진귀한 음식들로 가득하였다고 한다.[301] 이러한 관례는 분명 제사를 지낼 때에 성대하게 차려진 제사 음식에서 생겨났을 것이다. 왜냐하면, 제사 음식이란 늘 엄선된 요리로만 채워지기 마련이기 때문이다.

호라티우스의 이 서정시와 마찬가지 맥락에서 '사제들의 포도주'라는 농담이 오늘날 파리에서 유행하고 있다. 이 포도주는 매우 강하고 전혀 물을 섞지 않은 포도주를 의미한다. 만약 이 유행어의 배경을 묻는다면 익살스러운 대답이 돌아올 것이다. 소위 모든 녹을 받는 성직, 수도원장, 부주교 등은 모두 법률에 능통한 자들이 차지하였고 사제들에게는 아무것도 주어지지 않기 때문이다. 사제들에게 남겨진 것은 다만 영적인 것뿐이다. 그리고 이렇게 목자들에 의해 쓰였다. "내 백성의 허물 덕분에 먹고 살며."[302] 따라서 이렇게 소화하기 어려운 음식을 소화하려면 상당히 강력한 포도주가 필요한 것은 당연지사이다. 이런 이유에서 '사제들의 포도주'라는 격언이 생겨났다고 한다.

플라우투스는《메나이크모스 사람들》에서 '케레스의 만찬'을 유사한 방식으로 사용한다. "그는 케레스의 만찬을 주었다. 온갖 음식이 가득하였고, 음식을 담은 접시 위에는 차곡차곡 그득히

301 마크로비우스,《사투르누스 축제》3, 10 이하.

302 호세아, 4장 8절.

넘치게 쌓여 무언가를 집어 먹으려면 손을 길게 높이 뻗어야만 했다."[303] 사람들은 종종 만찬이니 성찬이니 언급하지만 테렌티우스는 《포르미오》에서 잘 차려진 성대한 식탁을 《망설임의 잔치》라고 표현하였다.[304]

---

303 플라우투스, 《메나이크모스 사람들》 101 이하.

304 테렌티우스, 《포르미오》 342 행; Adagia 2, 4, 23.

❖ Adagia III iii 3
Assidua stilla saxum excavat

끊임없는 물방울이 바위를 뚫는다

끊임없는 물방울이 바위를 뚫는다.[305] 물방울처럼 작고 여린 것이, 쇠붙이로도 불가능할 법한 일, 견고한 바위를 뚫는 일을 해낸다. 이 말은 불굴의 의지가 아무리 힘든 일도 쉽게 만들며 어려운 일도 가능하게 만든다는 가르침을 담고 있다.

플리니우스는 개미의 발에 완전히 닳고 부서져서 만들어진 조약돌을 보고하고 있다. 그에게 이것은 불굴의 의지가 가진 힘을 가장 잘 보여주는 예였다.[306] 메난드로스는 스토바이오스가 전하는바, "왜인고 하니 어렵다 하는 일은 불굴의 의지로 이룰 수 있다" 하였다.[307] 오비디우스는[308]

305 미카엘 아포스톨리우스, 《격언집》 15, 19.

306 플리니우스, 《자연학》 2, 110.

307 스토바이오스, 《문학 선집》 29, 19

308 오비디우스, 《사랑의 기술》 1, 475행 이하

무엇이 암벽보다 강한가? 무엇이 파도보다 약한가?
여린 파도는 저항하는 바위에 구멍을 내놓았다.

갈레노스는 그의 책《성정에 관하여》제3권에서 같은 문장을 인용한다. 그리고 서사시에서 한 구절을 뽑아 덧붙였다. "내 보기에 이 말처럼 정확히 들어맞는 말도 없다. 쉼 없이 떨어지는 물방울이 바위를 뚫는다."[309] 서사시 가수들이 전하는 바로는 유일하게 네스토르만이 다른 누구도 탁자에 들어 올릴 수 없을 만큼 가득 찬 술잔을 힘들이지 않고 들어 올렸다고 한다. 네스토르는 상당히 나이가 많고 힘으로 치자면 거기에 있던 누구보다 약했지만, 그는 이런 일을 끊임없는 연습을 통해 해낼 수 있었다. 호메로스는 네스토르를 대단한 애주가로 그리고 있다. 호메로스는 다음과 같이 노래하고 있기 때문이다.[310]

이 잔이 가득 차게 되면 다른 사람은 탁자에서 간신히
들어 올렸으나 네스토르 노인은 힘 안 들이고 들어 올렸다.

이 격언은 비단 불굴의 의지에만 적용되는 것이 아니다. 우리에게 재미를 가져다주는 일을 우리는 힘들이지 않고 해낼 수 있다는 뜻 또한 담고 있다.

---

309 갈레노스,《성정에 관하여》3, 83.

310 《일리아스》제11권 636 행 이하.

❖ Adagia III iii 15
plures adorant solem orientem quam occidentem

저무는 태양보다 떠오르는 태양에 기원하다

대부분 사람은 저무는 태양보다 떠오르는 태양에 대고 치성을 드린다.[311] 젊은이가 늙은이보다 많은 수의 추종자를 가지기 마련이다. 플루타르코스가 전하는바, 폼페이우스는 킨나 Cinna를 위협할 때에 이 말을 사용하였다고 한다.[312] 왜냐하면, 폼페이우스는 자신이 떠오르는 태양, 젊은 영웅, 날이면 날마다 그 명성이 높아가는 인물이며, 반대로 상대방은 저무는 태양, 시들어가는 인물, 그 권위와 존엄이 점차 바래지기 시작하였음을 너무도 잘 알고 있었기 때문이다. 폼페이우스가 킨나에 대하여 이런 관계였다면 나중에 카이사르도 폼페이우스에 대하여 비슷한 관계를 맺는다. 아테나이오스는 그의 책 제3권에서 어느 한 시인으로부터 비슷한 말을 인용한다. "나는 옛것을 오래 하지 않는다. 새로운 것이

311 미카엘 아포스톨리우스, 《격언집》 14, 35.

312 플루타르코스, 《윤리》 203e.

더욱 힘찬 것이다. 새로운 젊은이 제우스가 지배한다."[313]

고대에는 태양을 신으로 간주하여 기도를 올리는 풍습이 있었다. 페르시아 사람들은 태양을 특별히 숭배하였으며, 태양신을 미트라스 Mithras라고 불렀다. 이집트 사람들도 태양을 숭배하였으며 오시리스 Osiris라고 이름하였으며, 희랍 사람들은 아폴론이라고 불렀다. 다른 민족들도 저마다 달리 이름을 붙이고 숭배하였다. 태양이 떠오를 때에 사람들은 온갖 정성을 다해 몸을 낮추어 모셨다. 소크라테스도 그와 같이 숭배하였다고, 플라톤이 전하고 있다.[314] 심지어 코끼리도 태양이 떠오를 때에 태양 앞에 몸을 숙인다고 하는 사람들도 있다.[315] 물론 태양이 저물 때에도 경배를 빼먹지는 않지만 아무래도 처음만 못하였다.

사람이 살아보면 인생 만년에 접어들게 된다. 황혼이 시작하면 이내 청춘의 매력은 염증으로 바뀐다. 알렉시스의 책에서 어떤 노인이 말한다. "왜냐하면, 이제 나의 삶은 늦저녁으로 접어드니."[316] 일몰 직전에 땅거미가 드리운다. 에우리피데스는 말한다. "노년이란 땅거미와 무엇이 다르겠는가?"[317]

---

313 아테나이오스, 《현자들의 저녁 식사》 122cd.

314 플라톤, 《향연》 220d.

315 플루타르코스, 《동물의 지능에 관하여》 17, 2.

316 알렉시스, 《단편》 297.

317 에우리피데스, 《단편》 509.

❖ Adagia III iii 28
Hic Rhodus, hic saltus

여기가 로도스다. 여기서 뛰어라

여기가 로도스다. 여기서 뛰어라.[318] 널리 알려진 이 격언은 자신의 능력을 떠벌려 과시하기만 할 뿐 능력을 사람들에게 증명해 보여주지 못하는 사람을 겨냥한 말이다. 이 격언은 아이소포스에게 전해 내려오는 우화에서 비롯되었다. 한 젊은이가 자신이 로도스에서 멀리뛰기를 하였을 때 놀라울 만큼의 넓이를 기록하였다고 자랑하였다. 이 말을 듣고 있던 사람 중에 하나가 일어나면서 말했다. "여기가 로도스다. 여기서 뛰어라!"[319] 이 격언은 따라서 다음과 같은 경우에 잘 어울린다. 즉 다른 곳에서는 자신의 능력을 제대로 발휘하였다고 주장하는 사람에게 그 능력을 믿어 줄 터이니 한번 직접 보여줄 것을 권고할 때 쓰이는 말이다.

오비디우스는 노래한다.[320]

---

318 디오게네스 라에르티오스, 5, 18.

319 아이소포스, 《우화집》 33.

320 오비디우스, 《변신 이야기》 13, 14행 이하.

울릭세스는 자신이 행한 일들,

승인해 줄 사람 없는 업적을 이야기하였다.

내가 생각하는 한에서 이와 유사한 말을 테오크리토스는 《방랑자들》에서 이야기하였다.[321]

여기서 나와의 경쟁을 시작하자! 여기서 소들에게 풀을 먹이자!

그래서 많은 사람은 부담 없다고 생각하는 곳에서는 곧잘 말을 부풀린다. 하지만 이내 심각히 따져 물으면 빠져나갈 길을 찾는다. 이런 사람들에게 이런 격언을 내밀어 볼 수 있지 않을까?

희랍 사람들이 현찰로 직접 받기를 원할 때 사용하는 격언도 이와 비슷하다. "이리로 올려놓아라!" 아테나이오스의 책 제6권에서 "네가 동전을 이리로 올려놓는다면"이라고 적고 있다.[322] 어떤 출판된 서적들에서 나는 "여기에"라고 인쇄한 것을 보았다. 이것은 내가 틀리지 않는다면 분명 잘못되었다.

---

321 테오크리토스, 《소서사시》 5, 60.

322 아테나이오스, 《현자들의 저녁 식사》 255b.

❖ Adagia III iii 61
Serpens ni edat serpentem, draco non fiet.

뱀이 뱀을 먹지 않으면 결코 용이 될 수 없다

놀랄만한 성장은 결국 남을 희생시킨 결과이다. 귀족들의 재산도 그들이 잘해서 커진 것이 아니다. 그들이 먹어 없앤 희생자들이 있었기에 그렇게 된 것이다. 물고기나 짐승들이 꼭 그러한데 이 것들은 작은 것들을 살육함으로써 자신을 살찌운다. 이 말은 백성들의 욕지기가 담긴 또 하나의 격언이다.

* 역자—Peter Bruegel이 1557년에 만든 도판에는 "큰 물고기는 작은 물고기의 먹잇감이다.(Grandibus exigui sunt pisces piscibus esca)"라는 설명이 담긴 그림이 있다.

❖ Adagia III iv 4
In pulicis morvi deum invocat

벼룩이 문다고 신을 청하다

벼룩이 문다고 신에게 도움을 청하다.[323] 이 말은 벼룩과 같은 아주 하찮은 작은 일에 놀라 마치 아주 커다란 불행에 빠진 양 정신을 못 차리는 사람들을 가리키는 말이다. 이 격언은 아이소포스의 격언에서 비롯되었다. 어느 사내가 자신의 발을 물어뜯는 벼룩 때문에 아주 심한 고통을 느낀 나머지 웅크리고 앉아 헤라클레스에게 도움을 청하였다. 벼룩이 하지만 이내 뛰어 옮겨가자 헤라클레스를 향해 저주를 퍼부었다. 즉 헤라클레스가 이런 위험에 처한 자신을 돌보지 않고 도움을 청하였건만 거절하였다는 이유에서였다. 물론 아무리 커다란 위험에 처한들 헤라클레스가 도움을 가져다줄 수 있겠는가?[324]

이 비슷한 말을 아리스토텔레스는 《니코마코스 윤리학》 제7권에서 언급하였다. 아주 겁이 많은 사내를 두고 그는 "그는 마치

323 미카엘 아포스톨리우스, 《격언집》 7, 38.

324 아이소포스, 《우화집》 260.

생쥐가 바스락거려도 겁을 먹을 만큼 모든 일에 두려움을 느낀다"고 적고 있다. 이런 두려움을 그는 '동물적'이라고 부른다.[325]

325 아리스토텔레스, 《니코마코스 윤리학》 1149a7 이하.

❖ Adagia III vii 13
Lucri bonus est odor ex re qualibet

뭘 팔든 이문엔 좋은 냄새가 난다

로마 황제 베스파시아누스의 이 유명한 말은 재미있는 말임이 분명하다. 하지만 역겹기도 마찬가지다. 베스파시아누스 황제는 보기에 흉할 정도로 재물을 탐하였는데 어느 정도였느냐 하면 소변에까지 세금을 매겼다고 한다. 그러자 그에게 아들이 이를 중지시키고자 어찌 그와 같이 지저분한 것에서까지 돈을 챙기려 하십니까 하자 베스파시아누스 황제는 아들에게 그렇게 거두어 들인 세금 가운데 동전 한 닢을 집어 아들의 코 밑에 가져다 대면서 이 동전에서 지린내가 나느냐 하고 물었다.[326] 이런 이야기가 전해지자 유베날리스는 "뭘 팔든 이문엔 향기가 난다"고 조롱하였다.[327]

이와 연관하여 암미아누스는 그의 책 제22권에서 말한다.

---

326 수에토니우스, 《12황제전》 〈베스파시아누스〉 23.

327 유베날리스, 《풍자시》 14, 204.

"무슨 일이든 그것들은 이문의 냄새가 난다."[328] 엔니우스의 유명한 다음 문장은 앞의 격언과 같은 뜻이 있으며 사람들의 생각과 행동 방식을 꿰뚫고 있다.

> 어떻게 소유하게 되었는지는 누구도 신경 쓰지 않는다. 다만
> 재산을 가지고 있느냐 없느냐가 사람들에게 문제일 뿐이다.

참으로 이와 같은 뜻에서 호라티우스의 문장은 사람들의 행동을 역설적으로 정확히 설명하고 있다.[329]

> 시민 여러분, 시민 여러분, 우선 돈을 벌어야 합니다.
> 돈이 쌓이면 덕은 따라오게 마련입니다.

아테나이오스의 책 제3권에서 케피소도로스는 주장하기를, 소위 시인이라는 작자들 가운데에서도, 또한 이성적이라는 사람들 가운데에서도 전혀 좋다고 말할 수 없는 소견을 피력하는 자들도 있다고 말한다.[330] 예를 들어 아르킬로코스는, 모든 인간에게서 살갗마저 벗겨내야 한다, 즉 있는 대로 모두 빼앗아야 한다고 주장하는가 하면, 테오도로스는 다른 사람보다 더 많이 소유

---

328 암미아누스, 《역사》 22, 4, 3.

329 호라티우스, 《서간시》 1, 1, 59 행 이하.

330 아테나이오스, 《현자들의 저녁 식사》 122bc.

하도록 애써야 한다고 주장하며, 덧붙여 이는 만인의 권리라고 소리쳐 주장하였다. 내가 이미 다른 문맥에서 언급하였던[331] 에우리피데스의 문장 "오로지 혀만 맹세하였다"도 같은 뜻으로 쓰일 수 있다. 소포클레스의 문장도 마찬가지이다.[332]

> 내가 당신에게 좋은 충고를 합니다. 명령은 아닙니다.
> 당신이 정의를 지향하고 현명한 사람이라면 정의를
> 칭송해야 합니다. 하지만 결코 이문을 잊으면 안 됩니다.

어딘가 다른 곳에서는 이문이 남기만 한다면 무엇이든 악하다 할 것이 없다고 가르친다. 호메로스는 헤라로 하여금 이익을 위해 제우스를 속이도록 만들며, 쾌락을 위해 간통하는 자로 아레스를 들고 있다. 여기까지가 아테나이오스에 기록된 바이다.

많은 사람은 시인들과 배우들이 위와 같은 것을 무대에서 보여주면, 저 자신에게는 격분치 않고 다만 시인들과 배우를 향해 분노하곤 한다. 하지만 이는 참으로 모순적이다. 왜냐하면, 모든 사람은 그런 삶, 만약 무대에 나타나면 결코 참아 두고 보지 않는 삶을 저 자신이 몸소 실생활에서 보여주고 있기 때문이다.

331 Adagia II v 41.

332 소포클레스, 《단편》 25.

❖ Adagia III x 86
Canis panes somnians

개는 밥을 꿈꾼다

혹자는 이 격언이 테오크리토스의 《어부들》이라는 작품에서 다음과 같이 사용되었음을 알고 있을 것이다.

> 왜냐면 꿈속에서 항상 개는 정말
> 빵을 눈앞에 떠올리고 내게는 물고기의 그림자가 어른거린다.

이 말의 의미를 파헤쳐보면, 누구에게나 자신이 열렬히 희망하는 것, 따라서 그것을 얻기 위해 온갖 정열을 쏟는 것이 꿈속에 나타나기 마련이라는 것이다. 아리스토텔레스는 인간뿐만 아니라 모든 동물적 영혼을 가진 존재들은 꿈을 꾼다고 하였다. 하지만 개에게서는 그 어떤 다른 동물에서보다 분명하고 뚜렷하게 그런 증후가 나타난다. 즉 개들은 잠에 빠져서도 입으로 으르렁 소리를 뱉어내는데, 이로써 그들이 사냥을 꿈꾸고 있음을 알 수 있기 때문이다.[333] 따라서 내가 보기에 위에 인용한 격언에서 한 단어를 바꾼다면 의미가 더욱 분명해질 것으로 보인다. 희랍어로 빵을 의미하는 Aratos 대신, 들판 Agros 내지 사냥 Agras를 집어넣으면 좋을 것으로 보인다. 그래서 이 문제를 두고 많은 학자가 서로 논쟁을 벌이고 있으며 이 수수께끼는 더 좋은 필사본이 발견되면 곧 해결될 것으로 보인다. 어쨌든 나에게는 아직 이런 행운이 찾아오지 못했다.

꿈으로써 미래를 점치는 관습은, 아리스토텔레스가 그렇게 쓸모없는 일이라고 증명하였음에도 불구하고,[334] 아직 아직 사라지지 않고 있다.

333 아리스토텔레스, 《동물학》 536b27.

334 아리스토텔레스, 《행몽에 관하여》 462b12.

❖ Adagia IV i 1
Bellum dulce inexpertis

뭔지도 모르는 자들에게는 전쟁이 달갑다

베게티우스 Vegetius가 쓴 《전쟁술》이라는 책 3권 제40장에 "무조건 싸우려 드는 풋내기 병사들을 너무 믿어서는 안 된다. 경험이 짧을수록 싸우려 덤비는 법이다."

핀다로스는 "뭔지도 모르는 자들에게는 전쟁이 달갑다. 하지만 정작 그것이 얼마나 무서운 것인지 아는 사람이라면 생각만 해도 몸서리를 칠 것이다" 하였다. 인간사 모든 일에 이와 유사한 일은 비일비재하다. 호라티우스는 "뭔지도 모르는 놈들이 권력자들을 친구로 얻으려 하지만 겪은 사람은 그렇지 않다"고 하였다.

혹은 수많은 여인과의 쾌락에 기뻐하는 자들이 있는데 이들은 흔히 달콤한 가운데 쓰디쓴 고통이 있다는 사실을 모르는 자들이다.

아리스토텔레스는 《수사학》에서 이르길, 젊은 것들은 무모하며 늙은 것들은 소심하다. 전자는 무엇이 닥칠지 경험이 없어 지나치게 자신감을 보이며 후자는 닥쳐올 것을 오랜 경험으로 미리 아는 고로 망설이기 마련이다.

만약 세상이 반드시 피해야 할 것이 있다면 그것은 다름 아닌 전쟁이다. 인간사 가운데 이보다 끔찍하고, 이보다 악하고, 이보다 뿌리 깊고, 이보다 파괴적이고, 이보다 인간의 존엄에 커다란 상처를 입히는 행위는 없기 때문이다.

❖ Adagia IV i 58
Aurum igni probatum

불로써 확인된 황금

사람들은 흔히 불로써 그 진위가 확인된 황금이라는 격언을, 어려운 시련을 겪으면서도 자신의 신뢰성을 지킨, 참으로 믿을 만한 사람을 가리키는 말로 사용한다.

키케로는《친구들에게 보낸 서한》제9권에서 자신의 한 친구를 가리켜 이 격언을 사용하였으며,[335] 핀다로스는《네메아 찬가》제4번 합창시에서 이 격언을 쓰고 있다. "황금은 불에 의해 비로소 그 빛을 한껏 뿜어낸다."[336] 또한《퓌티아 찬가》제10번 합창시에서 "황금은 잡석들에 섞여서도 자신을 빛내며 올바른 정신은 시련 속에서도 그러하다"고 노래하였다.[337] 테오그니스는 노래한다.[338]

---

335 키케로,《친구들에게 보낸 서한》9, 16, 2.

336 핀다로스,《네메아 찬가》4, 82 이하.

337 핀다로스,《퓌티아 찬가》10, 67 이하.

338 테오그니스,《엘레기》449행 이하.

밝게 빛나는 당신이 이미 시금석으로 확인한 것처럼,
그 어떤 일에서든 당신은 나를 마치 순수한 황금처럼 여기시라.

다른 곳에서도 테오그니스가 말한다.[339]

그것을 시금석으로 확인하라. 그리고 납으로 문질러 보아라.
그렇게 하면 순수한 황금은 참으로, 참으로 밝게 빛날 것이다.

이러한 비유를 사도 베드로는 그의 첫 번째 편지에서 인용한다. "너희 믿음의 시련을 불로 단련하여도 없어질 금보다 더 귀하다."[340]

황금은 다시 말해 참으로 놀랄 만한 속성을 가지고 있어서 불 속에 집어넣더라도 그 빛을 잃지 않으며 오히려 점점 더 아름다운 광채를 발휘한다. 진실로 선한 사람들은 불운의 폭풍우 속에서도 본래의 성격을 잃지 않으며 오히려 어둠 속의 빛처럼 빛난다. 플리니우스는 그의 책 제33권에서 황금은 본질에서 다른 모든 금속보다 우위에 있다고 말한다. 왜냐하면, 황금만이 유일하게 불 속에서도 공격받지 않는 즉, 그것이 가진 본질을 화염 속에서도 변함없이 유지하기 때문이다. 또한, 더 나아가 오히려 불 속에 오래 자주 놓아두면 둘수록 한층 더 좋은 성질을 가지

339 테오그니스, 《엘레기》 1105행 이하.

340 〈베드로전서〉 1장 7절.

기 때문이다. 진짜 황금을 나타내는 지표는 따라서 불과 같은 광채이며, 이를 단련된 황금이라 부른다.[341]

341 플리니우스, 《자연학》 33, 59행 이하.

❖ Adagia IV iv 26
Isthmum perfodere

이스트무스를 관통하다

"이스트무스를 관통하다"라는 격언은 어떤 일에 있어 성과 없이 아주 큰 노력을 쏟는 사람을 가리킨다.

이 격언은 코린토스의 이스트무스에서 유래한다. 이스트무스 협로가 가로막고 있어 배는 여기를 통과할 수 없으므로 굳이 배를 타고 가자면 길고 위험하기 짝이 없는 우회항로를 돌아가야만 펠로폰네소스 반도의 반대쪽에 다다를 수 있었다. 그래서 많은 사람이 이 협로의 폭이 가장 좁은 곳을 골라 관통하려고 시도하였었다. 어떤 사람들이었는가 하면, 왕 데메트리우스, 독재관 카이사르, 가이우스 황제, 도미티우스 네로 황제 등이 이런 사업을 시도하였으나, 그 결말이 증명하듯이 성공하지 못하였다. 플리니우스는 그의 책 제4권 제4장에서 이렇게 적고 있다.[342] 그래서 수에토니우스가 전하는 바로는 칼리쿨라가 플리니우스의 이

342 플리니우스, 《자연학》 4, 10.

저작을 비판하였다고 한다.[343] 필로스트라토스는 《아폴로니우스의 삶vita Apollonii》에서 보고하는데, 네로가 자신의 저 사업을 포기한 까닭은 그 사업이 결코 어려워서가 아니라 완성되고 나면, 바닷물이 넘쳐나는 그것이 나쁜 징조가 되어, 즉 아이기나가 바다에 잠긴다거나 더 나아가 로마제국이 몰락하게 되지는 않을까 두려워하였기 때문이었다고 한다. 이런 것들을 이집트의 예언자가 예언하였다고 전한다.[344]

노장 헤로도토스는 자신의 《역사》 제1권에서 다음과 같이 전하고 있다. 크니도스 시에 살고 있던 사람들은 자신들의 땅에서 대륙으로 이어지는 약 5스타디온 정도의 좁은 협로를 가로질러 운하를 파서, 대륙과 분리해 자신의 도시가 있는 고장을 마치 하나의 독립된 섬으로 만들고자 하였다. 그런데 운하공사 중에 인부들 앞에 돌들이 위로 튀어 오르는 일이 발생했다고 한다. 델포이의 아폴론 신전에 이에 관해 물어보자 다음과 같은 세 걸음 운율의 신탁이 내렸다고 한다.[345]

> 너희는 이스트무스에 아직 성벽도 운하도 두르지 말아야 한다.
> 제우스가 원하는 때가 되면 신께서 그것을 섬으로 만들 것이다.

343 수에토니우스, 《12황제전》 〈칼리쿨라〉 21.

344 필로스트라토스, 《아폴로니우스의 삶》 4, 24.

345 헤로도토스 《역사》 174, 4.

니카노르 셀레우코스도 흑해와 카스피 해 사이에 가로놓인 협로 가운데 가장 좁은 곳을 잡아 운하를 만들 계획을 세웠으나 끝내 시행하지는 못했다. 왜냐하면, 프톨레마이오스 카라우노스에 의해 죽임을 당하였기 때문이다.[346]

346 플리니우스, 《자연학》 3, 140.

❖ Adagia IV v 9
Sapiens sua bona secum fert

현자는 자신의 보물을 지니고 다닌다

현명한 사람은 늘 자신의 모든 보물을 지니고 다닌다. 내가 틀리지 않는다면 이 말은 비아스라는 사람이 "당신은 왜 불타는 당신의 고향도시로부터 재산을 하나도 가지고 나오지 않았습니까?"라는 질문에 "나는 내 모든 재산을 가지고 나왔소"라고 대답한 것에서 유래한다.[347] 이렇게 말한 비아스의 의미는 우리의 모든 소유는 바로 우리의 내적인 영역이라는 것이다. 즉 교육과 성격이 바로 그것이다. 거꾸로 말하자면, 그런 경지에 이르지 못하면 우리는 결코 우리의 모든 가난[348]을 떨쳐 버릴 수 없다는 것이다.

347 키케로, 《스토아 철학자들의 역설》 8.

348 "bona"를 여기서 "보물"이라 번역하였는데, "선", "재산"으로 번역할 수 있으며, "가난"과 대비되는 말이다. "가난"은 "악", "결함"으로 번역할 수도 있다.

❖ Adagia IV vi 35
Auris Batava

바타바의 귀

희랍 사람들이 '보이오티아 사람들의 귀'라는 말을 언급하여 투박하고 둔감한 사람을 일컫듯이, 마르티알리스는 그의 격언시 제6권에서 촌스럽고 세련되지 못하고 편협한 취미를 '바타바 사람들의 귀'라는 말로 지칭하고 있다.

당신, 마르티알리스의 친구 당신
새롭고 재밌다고 하는 말마다 모두가
익히 아는바, 바타바의 귀에나 처음일까?[349]

적어도 도미치오 칼데리노는 '바타바의 귀'라고 읽었으며 어떤 사람들은 이 부분에서 '바타바 batavam' 대신 '엄격한 severam'으로 고쳐 읽었다.

바타바 사람들은 게르만 민족으로 카텐 족에 속한다. 내전

349 마르티알리스, 《격언시》 6, 82, 4행 이하.

이 벌어져 그들은 고향 땅을 떠나야 했다. 아무도 살지 않는 갈리아 지방 해안가와 섬들에 다시 정착하였다. 모래톱으로 이루어진 이 지역은 앞으로는 북해를, 뒤로는 라인 강을 면하고 있었다. 이 사람들은 전투에 탁월하였는데, 게르만 인들의 내전이 그들을 강하게 만들었기 때문이다. 이들은 풍요롭고 평화롭게 살았으며, 로마군의 징발도 그들에게 이렇다 할 피해를 주지는 않았다. 그들은 로마제국과 동맹을 맺고 있었지만, 그들에게 부과된 의무라고는 고작 병사와 무기 약간 제공하는 정도였다. 이에 관해 타키투스의 책 제20권에 상세히 기술되어 있다.[350]

학자들 대다수가 동의하는 바요 모든 추측이 지지하는바, 타키투스가 섬이라고 언급한 땅은 오늘날 홀란트, 그러니까 내가 언제나 칭송하고 경배해 마지않을 나의 조국이다. 왜냐하면, 그곳에 내 생명의 근원이 있기 때문이다. 타키투스가 내 동포를 촌스럽다 말했다고 해도, 루카누스가 야만이라 불렀다 해도 전혀 부끄럽지 않은 나의 조국, 자랑스러운 나의 조국! 우리는 그들의 평가가 전혀 사실과 부합하지 않는다고 느끼며, 오히려 그들의 평가를 칭송으로 받아들일 수도 있지 않을까 싶다. 어떤 민족이 있어 언젠가 한번 야만이 아닌 적이 있었겠는가? 또한, 로마인들이 당시 최고의 문화강국이었다지만 그들이 이해할 수 있었던 것이라고는 오직 전쟁과 농업뿐이지 않았던가? 도대체 그렇게 오

350 타키투스, 《역사》 4, 12.

랜 옛날 바타바 사람들에게 적용되었던 말이 오늘날에도 그대로 적용될 수 있다고 주장할 수 있을까? 마르티알리스가 언급하고 있는 농담에 — 로마인에게는 가볍게 들리는 것이었지만 — 바타바 사람들이 놀랐다는 말은 사실 내 사랑하는 홀란트에게 아주 커다란 칭찬이다. 사실 모든 기독교인이 바타바의 귀를 가지고 있다면 얼마나 좋을까! 만약 그렇다면 이들은 사람을 괴롭히는 못된 농담에 귀를 기울이지 않을 것이고 또는 즐거워하지 않을 것이다. 세련된 멋이 없다고 비난한다면 우리는 이런 비난을 기꺼이 받아들일 것이며, 더불어 정의로운 스파르타인들, 옛것을 숭상하던 사비니 사람들, 칭송받는 카토 일가를 상기시킬 것이다. 루카누스는 바타바 사람들을 야만이라고 하였는데, 이 말은 베르길리우스가 로마인들을 두고 잔인하다고 말한 것과 마찬가지이다.[351]

실제 생활하는 모습을 살펴보면 홀란트 사람들처럼 예의 바르고 친절한 사람들도 드물며, 거칠고 사리 분별하지 못하는 종속들과 거리가 먼 사람들도 없다. 홀란트 사람들은 성격상 까다롭지도 그악스럽지도 않으며, 심중에 못된 죄를 품지 않으며, 다만 즐거움에, 친구들과 어울려 즐김에 천부적인 소질을 타고났다. 이런 성격을 만들어 낸 것은 내 생각하기에 즐기도록 자극하는 온갖 물건들이 풍부하기 때문이다. 홀란트는 지형상 물건

351 베르길리우스, 《전원시》 3, 346.

을 수입하기에 최적의 장소로서 라인 강과 마스 강 하구에 위치하며 대서양에 접해 있기 때문이다. 다른 한편 홀란트 지역 자체에서 이루어지는 생산도 상당하다. 배를 몰고 나가 낚시를 드리울 강들이 여기저기 흐르고 있으며, 풍요로운 목초지가 즐비하며, 강변의 늪지와 습지에는 수많은 새가 깃들어 살고 있다. 이렇게 좁은 지역에 이렇게 많은 도시가 들어선 다른 지역은 찾아보기 힘들 것이며, 더군다나 그렇게 크지도 않으면서 그와 같이 풍요로운 삶을 사는 도시를 어디에서 찾을 수 있겠는가? 집집이 아름다움과 풍요로움은, 배를 타고 멀리 다른 세상을 두루 경험하고 돌아온 상인들에 의해, 홀란트가 최고라는 평가를 받았다. 일반적인 학식을 갖춘 사람들의 수가 이보다 많은 나라는 어디에도 없을 것이나, 특히 고대 문학과 관련된 분야에서 평균 이상의 업적을 이룬 사람이 그렇게까지 적은 이유는 풍요로운 생활에 기인하거나 아니면 탁월한 법률가를 탁월한 고전학자보다 높게 평가하는 탓일 것이다. 홀란트 사람들이 고대문학 분야에 타고난 재능을 갖춘 것은 익히 증명된 바이다. 실로 나에게는 우리네 민족 모두와 비교하건대, 오히려 보잘것없는, 아니 형편없다 싶을 정도의 재능이 주어져 있을 뿐이다.

❖ Adagia IV vi 52
Postico discedere

뒷문으로 사라지다

갈레노스는 그의 《자연의 힘에 관하여》 제2권에서 "여러 사건이 한데 뭉뚱그려 발생할 경우, 우리는 속담에 이르는 것처럼 뒷문으로 아스클레피아데스에게 도망한다."[352] 즉 우리는 아스클레피아데스를 지지한다는 뜻이다. "뒷문으로 사라지다"라는 격언은 다른 사람은 아무도 모르게 슬쩍 도망가는 경우를 가리킨다. 호라티우스는[353]

뒷문으로 빠져나가 청원자들을 따돌린다.

오늘날 많은 고관대작이 보여주는 행태와 같다 하겠다. 호라티우스는 다른 방식으로 이런 뜻을 표현했다.[354]

---

352 갈레노스, 《자연의 힘에 관하여》 2, 6.

353 호라티우스, 《서간시》 1, 5, 31.

354 호라티우스, 《서간시》 1, 1, 18.

아리스티푸스의 가르침으로 몰래 미끄러졌다.

누구보다 학식에 있어 뛰어난 토마스 리나케르는 '케파이아 kepaia(뒷문)'를 '정원의 쪽문'으로 번역하였다. 정원을 갖춘 저택들은 대체로 문이 두 개 있는데, 하나는 앞마당에, 다른 하나는 뒷마당에 놓여있다. 앞문으로는 행길을 마주 보고 있고 뒷문으로는 더 깊은 정원으로 이어진다. 남의 눈에 띄지 않고 드나들고 싶은 사람들은 이 뒷문을 통해 출입한다.

자신이 주장하던 의견이 공개적으로 잘못되었음을 인정하게 되어 대단히 창피하게 생각하는 척하는 사람이 실은 남몰래 이미 반대 주장에 편승하고 있을 때, 또는 자신이 행해야 하는 의무를 때로 이행하지 않을 때 이 격언은 매우 잘 어울린다.

❖ Adagia IV viii 14
Campania superbia

캄파니아 사람들의 오만

왕왕 풍요로운 삶에는 오만함이 깃들기도 한다. 캄파니아 지방은 예전에 이탈리아에서 그 어떤 지방보다 풍요로운 지역이었다. 이런 사실은 여기저기서 확인할 수 있는바, 플리니우스의 책 제5권 제3장에는 이렇게 적혀 있다. 여기서부터 축복받은 땅 캄파니아가 펼쳐진다. 여기서 포도밭이 펼쳐지며, 세계만방에 이름을 떨친 이 고장 포도는 값진 음료를 제공하고, 옛사람들이 전하는바, 여기서 바쿠스 신과 대지의 여신이 서로 경쟁하듯 더욱 많은 결실을 가져다준다.[355] 플리니우스의 글은 이 밖에도 수많은 캄파니아의 아름다움과 풍요로움을 기록하고 있다. 카푸아는 모두 알다시피 일찍이 로마와 지배권을 놓고 경쟁하였던 적이 있다. 이런 이유에서 캄파니아의 자부심과 오만함은 속담처럼 쓰이고 있다.

355 플리니우스, 《자연학》 3, 60.

키케로는 룰루스에게 행한 연설에서 말한다.

> 그리하여 우리의 조상들은 캄파니아 사람들의 악명 높은 오만과 용납할 수 없는 불복종에 대하여 착실하고 세심하게 준비된 인내와 느긋함을 보여주었습니다. 이런 방식으로 우리의 조상들은 이탈리아에서 제일 아름다운 도시를 파괴하지 않았으며 덕분에 잔혹함의 비난을 피할 수 있었습니다. 동시에 캄파니아 사람들의 생활 수준을 현격히 감소시키는 한편 그런 상태로 계속 유지되게 만듦으로써 미래의 후환을 예비하였습니다.[356]

키케로는 같은 연설문에서 카푸아[357]를 오만의 고향이며 향락의 고장이라고 지칭한다. 그리하여 사람들은 오만의 고향이며 향락의 고장인 카푸아로 주거지를 옮겨 자리를 잡았다.[358] 키케로가 망명생활을 마치고 돌아와 원로원에서 행한 연설에도 비슷한 말이 담겨있다. 당신은 당신이 예전에 그러했던 것처럼 아직도 카푸아, 오만의 고향이라 할 도시의 집정관이라고 믿고 있다. 룰루스를 고발하는 연설문 단편에서는 이렇게 말한다. "모두 잘 알다시피 그 고장의 풍요와 물산의 과잉이 저들의 오만과 참혹함을 낳았습니다", "카푸아의 풍요는 심지어 한니발을 타락시켰

356 키케로, 《농지법》 2, 91.

357 카푸아는 캄파니아의 도시이다.

358 키케로, 《농지법》 2, 97.

다고 하는데, 카파니아의 풍요에서 오만이 생겨났다는 말이 옳은 듯싶다."

리비우스는 그의 책 제9권에서 캄파니아 사람들의 타고난 자부심을 언급하고 있다.[359] 또한 겔리우스는 그의 책 제12권, 제24자에서 나에비우스의 묘비명을 기록하였다.[360] 여기서 나에비우스는 의식적으로 '캄파니아의 자부심으로 가득 찬'이라는 말을 사용하였다. 내가 추측하는바, 나에비우스는 캄파니아 출신인 것 같다. 일찍이 믿을 수 없는 사람을 가리킬 때 '페니키아 사람 같은'이라는 말을 사용하는 것처럼 오만한 사람들에게, 그가 실제 어디 출신이건 상관없이 '캄파니아 사람 같은'이라는 말을 사용할 수 있다.

이 민족의 특성에 관한 나의 의견을 이 자리에서 밝혀 언급하고 싶지는 않다. 그러나 나 자신이 캄파니아를 경험해 본 바로는 그 옛날 '전 세계적으로 유명한 포도주'는 찾을 길이 없었다. 캄파니아 어디에도, 팔레르나 산, 칼레니 산, 마시키 산, 세티니 산, 케쿠비 산, 수렌티니 산 등과 같은 좋은 포도주를 찾을 수가 없었다. 사정은 전혀 반대였으며, 우리는 하필 카푸아에서 — 오늘날의 카푸아 — 포도주를 마시고 후두염에 걸렸다. 포도주병 가득히 설탕을 부수어 채워 넣었지만, 이 고장 포도주의 맛은 참

359 리비우스, 《로마사》 9, 6, 6.

360 겔리우스, 《아티카의 밤》 1, 24, 2.

으로 끔찍했다. 설사 식초라고 해도 이보다 시지는 않았을 것이다. 카푸아 사람들은 흔히 포도를 으깨어 즙을 내고, 이를 한 번 끓여 포도주를 담그고 있었다. 그렇게 하지 않으면 포도주를 다음 해 포도 수확 철까지 보관할 수 없었다. 그 유명했던 캄파니아의 포도주는 어디로 갔단 말이냐? 시간과 함께 명성은 사라지고, 포도주의 고향은 황폐하였구나! 나는 수많은 먼지를 그곳에서 들이마셔야 했다. 자연은 이 세상의 그 어떤 것도 영원히 머물도록 허락하지 않는다.

❖ Adagia IV viii 24
Myconiorum more

뮈코노스 섬 사람들처럼

뮈코노스 섬 사람들처럼 잔칫집에 간다. 즉 초대받지 않았으면서도 제멋대로 찾아오는 경우를 가리킨다. 뮈코노스는 퀴클라데스 제도에 속하는 섬이다. 그곳 사람들은 몹시 가난하여 궁한 나머지 사람이 모이는 곳이면 어디서나 얻어먹곤 하였다고 한다. 이를 빗대어 이런 조롱의 격언이 생겨났다. 아테나이오스가 전하는 바로는 아르킬로코스는 그의 특유의 독설로써 어떤 페리클레스라는 사람을 비난하였다고 한다. 왜냐하면, 그가 뮈코노스 섬 사람들처럼 초대받지 않고 향연에 모습을 나타냈기 때문이다. 나는 이를 다른 곳에서 이미 인용한 적이 있다.

뮈코노스 섬 사람들의 이런 생활습관을 오늘날도 우리는 여러 사람에게서 찾아볼 수 있으며 특히 아일랜드 사람들에게서 그러하다. 존경하옵는 마운트조이의 윌리엄 공작께서 나에게 이 재미있는 이야기를 들려주었다. 어쩌면 이 이야기는 단순한 이야기가 아니라 실제 그가 경험한 일화일 수도 있다. 어떤 알려지지 않은 아일랜드 사람이 저녁 시간이 되어 왕후의 식탁에 모습을 나타내었고, 아무도 그를 초대한 사람은 없었는데도 불구하고 궁궐에 초대받은 사람들 곁에 자리를 차지하고 앉았다고 한다. 사람들이 이 낯선 새 한 마리를 보고 그에게 물었다. "고향이 어디냐?" 그러자 그가 자신의 고향을 대답하였다. 사람들이 계속해서 물었다. "여기 궁전에 무슨 일을 담당하고 있느냐?" 그러자 그자는 "전혀 담당하는 일이 없습니다. 하지만 하나쯤은 담당하였으면 합니다"라고 대답하였다. 모두가 깜짝 놀라고 그의 파렴치함에 당황하여 곧바로 그에게 일어서서 나가라고 명령하였다. 그러자 그가 대답하였다. "네, 이것만 먹고 나서 분부대로 하겠습니다." 짧고 분명히 대답하고 나서 그 아일랜드 사람은 염치도 좋게 계속 앉으며 차지하고 앉은 자리를 내어주지도 않았다. 하지만 잔치는 그럼에도 불구하고 이어져 분위기가 고조되자 사람들은 다시 그에게 물었다. 잘 알지도 못하는 낯선 사람임에도 불구하고 왕후의 식탁에 와서 앉을 생각을 어떻게 할 수 있었느냐고. 그가 이에 대답했다. "왜냐하면, 나는 우리의 왕이 부자이며 나에게 먹을 것을 줄 수 있을 만큼 넉넉하다는 것을 알고 있었기 때문입니다."

❖ Adagia IV viii 89
Respublica nihil ad musicum

아름다운 영혼에 정치는 어울리지 않는다

학식을 갖추었으며 정의로운 사람은 정치적 활동에 거리를 두어야 한다는 말은 이미 오래전부터 널리 퍼진 견해이며 오늘날도 많은 사람은 이를 지지하고 있다. 플라톤은 정치를 사양하였으며, 소크라테스는 별로 성공을 거두지 못했으며, 데모스테네스와 키케로의 경우는 그 결말이 좋지 않았다. 네로 황제의 어머니는 아들에게 철학 공부를 단호히 금지했다. 왜냐하면, 미래의 통치자에게 철학 공부는 어울리지 않는다고 생각하였기 때문이다.[361]

아우구스티누스는 편지에서 그리스도의 가르침이 정치에는 다만 방해가 될 뿐이라고 주장하는 일부 무리를 비난하고 있다.[362] 아리스토파네스는 이런 생각을 그의 작품 《기사들》에서 매력적으로 표현하였다. 음악교육을 받지 않았다는 이유를 들어서 나라 살림에 관여하기를 거부하려는 어떤 남자는 다음과 같

361 수에토니우스, 《12황제전》, 〈네로〉 52.

362 아우구스티누스, 《서한집》 138, 9-15.

은 소리를 듣는다.

> 나라 살림은 음악교육과 아무런 상관이 없는 일
> 사람들의 성격을 공부하는 것도 무슨 아랑곳.

음악교육이란 사실 고대에서도 교양교육 전반을 아우르는 말이다.

❖ Adagia IV ix 14
Lacryma nihil citius arescit

눈물은 빨리 마른다

키케로는 《착상에 관하여》 제1권에서 연설가에게 경고를 남긴다. 배심원들의 동정에 호소하는 경우라면, 연설가는 아무리 호소력이 있어도 지나치게 오래 끌어서는 안 된다.[363] 키케로는 여기에서 아폴로니오스의 말을 인용하고 있다. 눈물은 빨리 마른다. 왜냐하면, 너무 지나치게 사람들의 마음을 흔들어놓을 경우 또한 너무 쉽게 사람들은 무료해 하기 때문이다.

---

363 키케로, 《착상에 관하여》 1, 109.

❖ Adagia IV x 74
vita hominis peregrinatio

인생은 나그넷길

소크라테스는 플라톤이 지은 대화편 《악시오코스》에서 널리 알려졌으며 널리 쓰이는 이 격언을 인용하고 있다.[364] 물론 이 대화편은 위작으로 알려졌다. 플라톤이 모방하려 하였던 이 현자가 나는 기독교인이 아니었을까 싶을 정도이다. 왜냐하면, 성경에서 이런 사상을 자주 접할 수 있기 때문이다. 이승에서의 삶은 고향을 잃은 삶, 더 나은 삶을 위한 준비기간, 떠돌이 인생일 뿐이다. 플라톤의 소크라테스는 물론 인간의 영혼이 하늘로부터 내려왔으며 그곳으로 돌아가기 위해서는 철학을 공부해야 한다고 역설하고 있다는 점에서 다를 뿐이다.[365]

364 위-플라톤, 《악시오코스》 365d.

365 플라톤, 《파이돈》 70a 이하.

에라스무스 서문

1. 격언이란 무엇인가?

격언 Paroemia이란 도나투스에 따르면 "어떤 사태와 시기에 어울리는 말"[366]이다. 디오메데스는 격언을 다음과 같이 정의하고 있다. "격언이란 시중에 널리 쓰이는 말이며, 어떤 사태와 시기에 들어맞는 말로서, 글자 그대로의 말과는 다른 속뜻을 가지고 있다."[367] 희랍의 어떤 작가는 다음과 같이 적었다. "격언은 세상을 살아가는 좋은 지침이며 꽤 불분명하면서도 실로 상당히 유익하다." 또 어떤 작가는 이렇게 적었다. "격언은 모호한 글자의 표피 속에 진리를 오롯이 감추고 있는 말이다."

이외에도 격언에 대한 여러 가지 정의를 희랍이나 로마 문학작품 가운데서 찾을 수 있으나, 이 자리에 그 모두를 열거하지 않겠다. 왜냐하면, 우선 나는 가능한 한 이 저작에서나마 호

366 도나투스, 《라티움 어 문법》 3, 6.

367 디오메데스, 《라티움 어 문법》 2.

라티우스가 가르친 대로[368], 선생에게 요구되는 간결함의 원칙을 따르고자 한다. 또 다른 이유는 이 모든 정의는 결국 같은 말을 하고, 같은 것으로 귀착하기 때문이다. 그리고 무엇보다 위의 정의는 격언의 의미나 영향력을 드러냄에 있어 불필요한 사족을 덧붙이고 있지 않으며 그 중요성을 훼손하고 있지 않기 때문이다.

도나투스와 디오메데스는 — 그렇다고 다른 작가들이 달리 생각했다는 뜻은 아니다 — 격언이라면 어떤 감추어진 뜻이 있어야 한다고 여겼다. 즉 그들은 격언을 일종의 비유로 생각했고, 격언에는 무언가 배울 점 Gnomikon과 가르침을 담고 있기를 기대한 듯하다. 희랍 사람들은 격언을 정의하면서 하나같이 살아가는 데 도움이 되는 말이라고 하거나 속뜻을 가진 은유라고 하거나, 아니면 이 둘을 함께 언급하고 있다.

독자 여러분들은 이 《격언집》에서 이름 높은 옛사람들이 인용한 격언들을 보게 될 것이다. 이 격언들은 은유의 껍데기를 쓰지 않거나, 삶을 살아가는 데 필요한 가르침을 담지 않아서, 소위 금언이나 잠언들과는 정반대되는 성격을 갖고 있을 수도 있다. 이에 관해서는 두 가지 예만 들면 충분하겠다. "지나치지 마라!"는 모두가 격언으로 받아들이는 말이며 비유로 위장되어 있지 않다. "누가 문을 못 찾으랴?"는 아리스토텔레스에 의해 격언

368 호라티우스, 《시학》 335~6.

의 지위[369]에 들었지만, 나는 이 말이 어떤 유용한 삶의 가르침을 가졌는지 모르겠다.

한편 퀸틸리아누스[370]는 《수사학 교육》 제5권에서 모든 격언이 비유를 덧쓰고 있는 것은 아니라고 하였다. 그는 "격언은 좀 짧은 우화와도 같다"고 하였다. 이 말에 비추면 비유를 사용하지 않는, 다른 격언도 있음이 분명하다. 하지만 이 책에서 인용된 수많은 격언이 은유적 껍데기를 덧쓰고 있음도 사실이다. 내 생각에는 비유적 치장으로 즐거움을 가져다주면서, 동시에 언급하고 있는 생각으로 유익을 전하고 있는 격언이야말로 최고의 격언이라 할 수 있다.

그러나 격언을 칭송하며 어떤 격언이 최상의 것인지를 보여주는 일과 격언이 정확히 무엇인지를 정의하는 일을 아주 다른 일이다. 문법학자들이 허용하는 한에서 내 생각을 말한다면 다음과 같은 말이 가장 완벽한 정의이며 지금 우리의 목적에 가장 잘 어울린다. "격언은 널리 쓰이는 말로서 통렬하고 신선한 반전을 그 특징으로 한다." 논리학자들이 말하길 정의는 세 가지를 갖추어야 한다는데, 이 정의야말로 모든 것을 갖추었다. 즉 '말'이라는 단어는 종을 드러내며, '널리 쓰이는'이라는 말은 종차를 드러내며, '통렬하고 신선한 반전'이라는 말은 그 특수한 성격을 드

369 아리스토텔레스, 《형이상학》 993b5.

370 퀸틸리아누스, 《수사학 교육》 5, 11, 21.

러내고 있기 때문이다.

2. 격언의 고유한 성격과 그 한계

격언을 특징짓는 것으로는 두 가지가 있다. 즉 널리 쓰임과 통렬하고 신선함이다. 격언은 많은 사람이 알고 있는 것이어야 하며 또한 널리 쓰는 것이어야 한다. 희랍어로 격언을 의미하는 파로이미아 paroimia에는 오이모스 oimos라는 말이 들어 있는데, 이 말은 길을 의미하며, 그중에서 잘 닦여 왕래가 잦은 길을 뜻한다. 이 길을 따라 여기저기 오가는 사람들의 입에 오르내리는 말이 곧 격언이고, 이를 라티움 어로는 아다기움 Adagium이라 한다. 이 라티움 어는 또한 바로 Varro에 따르면[371] '여기저기 돌아다니다'에서 유래하였다.

다음으로 통렬함과 신선함에 관해 말하자면 일상의 언어와는 구별을 가져오는 특징이라 할 수 있다. 하지만 우리는 이런 두 가지 특징을 갖는 모든 말을, 즉 널리 쓰이고 있다는 이유에서, 혹은 흔하지 않은 내용을 담고 있다는 이유에서 격언으로 분류할 수는 없다. 내가 부르는 통렬함과 신선함은, 옛사람들과 옛 현자들이 하나같이 천거하는 바의 것이어야 한다. 이것에 관해서는 다음에 다시 논의하기로 하고 우선 격언이 어떻게 사람들 사이에서 널리 쓰이게 되는가의 문제를 논의해보자.

---

371 바로, 《라티움 어에 관하여》 7, 31.

격언이 사람들 사이에서 널리 쓰이게 되는 이유로는 우선 그것이 신탁에서 유래하는 것이기 때문이다. 〈세 번째도 네 번째도 아니다〉(《격언집》Ⅱ, ⅰ, 79. 이하 서명 생략)라는 격언이 그러하다. 다음으로 신탁만큼이나 고대 사회에서는 널리 인용되던 현자가 남긴 말이기 때문이다. 〈좋은 것은 어렵다〉(Ⅱ, ⅰ, 12)라는 격언이 그러하다.

혹은 그것이 고대의 시인으로부터 유래하기 때문이다. 예를 들어 호메로스의 말 〈어리석은 자는 일이 끝나고서야 안다〉(Ⅰ, ⅰ, 30)가 그러하다. 또한, 핀다로스의 말 〈작대기를 발로 걷어차다〉(Ⅰ, iii, 46)가 그러하다. 또 사포의 말 〈벌이 없으면 꿀도 없다〉(Ⅰ, vi, 62)가 그러하다. 말이 아직 타락하지 않았던 시절에는 시인들의 시구가 잔치에서 불렸기 때문이다.

혹은 그것이 무대극에서 상연되었기 때문이다. 즉 비극과 희극에서 그러하였는데, 예를 들어 에우리피데스의 말 〈강물이 거꾸로 흐른다〉(Ⅰ, iii, 15)라는 말이 그러하다. 한편 아리스토파네스의 말 〈까마귀들에게로 꺼져라〉(Ⅱ, ⅰ, 96)라는 말도 그러하다. 사실 희극에서는 치고받는 대사 부분에 인민 대중이 시중에서 널리 사용하는 말들을 많이 빌렸으며 거꾸로 희극에서 쓰인 말들이 널리 대중에게 수용되기도 하였다.

어떤 격언은 신화로부터 유래하기도 하였기 때문에 널리 쓰임을 얻었다. 예를 들어 다나오스의 딸들에게 맡겨진 일에 나오는 〈영원히 채울 수 없었던 항아리〉[372](I, vi, 60)가 그러하다. 또 페르세우스의 신화에 등장하는 〈오르코스의 투구〉[373](II, x, 74)가 그러하다.

어떤 격언은 우화에서 유래하여 널리 쓰임을 얻었다. 즉 〈그러나 우리는 돈주머니에 무엇이 들었는지 보지 못한다〉(I, vi, 90)라는 것이 그러하다. 혹은 실제로 있었던 사건에서 유래하여 널리 쓰임을 얻은 예도 있다. 〈레우콘은 말에 싣고 갔는데 레우콘의 말은 다른 것을 싣고 갔다〉(II, ii, 86)

혹은 역사에서 유래하여 널리 쓰인다. 〈로마는 가만히 앉아서 승리를 얻었다〉(I, x, 29)라는 것이 그것이다. 혹은 어떤 격언은 재치 있는 말재간에서 유래한다. 〈저 자신을 갖지 못한 자가 사모스를 원한다〉(I, vii, 83)가 그것이다. 어떤 격언은 어떤 말에서 한 토막만을 잘라내어 얻어진다. 〈히포크라테스의 아들은 걱정하지 않는다〉(I, x, 12)가 그것이다.

---

372 희랍 로마 신화에 따르면, 다나오스에게는 딸 50명이 있었는데, 아이귑토스의 아들 50명과 결혼하게 되었다. 다나오스는 딸들에게 결혼식 첫날밤 신랑들을 죽이도록 명령했으며, 맏딸만이 아버지의 명을 어기고 신랑을 도망치게 하였다. 이때 살아 도망친 신랑 린케우스는 형제들의 복수를 위해 다나오스와 형제들을 죽인 다나오스의 딸들을 죽였다고 한다. 다나오스의 딸들은 하계에 내려가 밑 빠진 항아리에 물을 채우는 형벌을 받았다.

373 오르코스는 희랍 이름으로 하데스이며, 로마 신화에서는 플루토라고 불리는 지하 세계의 신이다. 헤파이스토스는 제우스에게 번개를, 넵투누스에게 삼지창을, 그리고 오르코스에게 투구를 만들어 주었다고 한다. 오르코스의 투구를 쓰면 눈에 보이지 않게 된다고 한다. 페르세우스는 이 투구를 빌려 쓰고 메두사를 처치하였다고 한다.

말, 행동, 한 민족이나 한 개인의 자연적 본성, 혹은 동물의 본성, 혹은 마지막으로 한 사물에 속하는 어떤 특성, 이런 것들이 만약 독특하면서 널리 알려진 것이라면 격언이 될 기회를 만들어 낸다. 예를 들어 "페니키아인에 대항하는 쉬리아인", 〈악키제인 akkizein〉(Ⅱ, ii, 99) 즉 무언가를 속으로 받고 싶은 것을 짐짓 거절하는 모양, "여우는 미끼를 물지 않는다", "두 번씩이나 주는 배추는 죽음이다",[374] 〈이집트 산 미나리아재비〉(Ⅰ, i, 22) 등이 있다.

3. 무엇이 격언에 신선함을 부여하는가?

내가 이미 신선함을 앞서 언급하였다. 신선함은 결코 단순한 문제가 아니다. 때로는 사태 그 자체로부터 신선함이 생겨나기도 하지만 — 예를 들어 〈악어의 눈물〉(II iv 60)에서처럼 — 때로는 비유로 인해 생겨나기도 한다. 격언은 모든 종류의 수사학적 비유를 빌리고 있으며 필요에 따라 이를 다양하게 변화시키고 있다. 신선함을 가져다주는, 자주 등장하는 비유에 관해서만 언급하고자 한다.

은유는 거의 언제나 등장하며 다양한 방식으로 쓰인다. 유비

374 에라스무스는 배추가 술에 취하는 것을 막아준다고 믿었으며, 이런 이유는 희랍에서 음주 직전에 배추를 먹는 습관이 있었다고 전한다. 배추가 유익하기는 하지만, 무엇이 유익하다고 여러 번에 걸쳐 반복적으로 제공될 경우 오히려 역효과를 낼 수도 있다는 뜻을 전하고 있다.

는 드물지 않게 쓰이는데 어떤 사람들에게는 이 또한 은유의 한 종류일 뿐이다. 은유의 예로는 〈모든 것이 여울목에 섰다〉(I i 45)를 들 수 있고, 유비의 예는 〈늑대가 하품하다〉(II iii 58)를 들 수 있다.

과장법도 드물지 않다. 예를 들어 〈뱀의 허물보다 속 보이는〉(I i 26)을 들 수 있다. 때로는 마치 수수께끼처럼 보이는 것도 있는데, 퀸틸리아누스에 따르면 다만 더욱 모호한 유비일 뿐이다. 예를 들면 〈절반이 전체보다 크다〉(I ix 95)

때로는 암시적인 언급이 사람들의 관심을 끌곤 한다. 예를 들어 〈그렇게 하시지!〉(II iv 28) 내지 〈둘이 동시에 같이〉(III i 51) 내지 〈내 집 마당에서의 선과 악〉(I vi 85). 때로는 한 개인에 고유한 표현도 속담과 유사한 성격을 가진다. 예를 들어 〈오귀게스의 재난〉(II ix 50)은 커다란 재앙을 의미한다.

때로는 모호한 표현도 속담과 유사한 성격을 가진다. 예를 들어 〈혀 위에 황소〉(I vii 18)와 〈피사 속의 쥐〉(II iii 67-8)가 그것이다. 사실 '황소'는 한편으로 동물의 종류이지만 다른 한편으로 동전을 의미한다. 마찬가지로 '쥐'라는 희랍어는 한편으로 동물의 종류를 의미하지만 다른 한편으로 운동의 한 종목을 의미한다. 피사 Pisa는 도시의 이름이지만 다른 한편 여기에 철자 하나만 덧붙이면, 즉 핏사 Pissa는 나무에서 나오는 점액을 의미한다.

언어적 표현의 새로움으로 인해 이것이 바로 격언이 되는 경우도 있다. 예를 들어 〈술 속에 진리〉(I vii 17)가 바로 그것으로 이 격언은 "사람들은 술을 마시면 마음을 쉽게 열게 된다"라는 뜻이다. 이렇게 풀어쓴 말은 전혀 격언답지 않다. "먹고 마실 것이 없으면 욕정이 생기지 않는다"라고 말한다면 이는 전혀 격언이라 할 수 없다. 하지만 이를 〈케레스와 바쿠스가 없으니 베누스도 얼어붙는다〉(II iii 97)라고 말한다면 누구나 이를 격언의 모양새를 갖추었다 말할 것이다. 물론 이런 매력은 당연히 은유에서 유래한다.

또한, 세월이 사람들의 시선을 끌어내기도 한다. 예를 들어 〈서약하라! 멸망이 가까웠다〉(I vi 97)가 그것이다. 또한, 격언에서 여러분은 다양한 종류의 우스개를 찾아낼 수 있을 것이다. 이런 우스개를 일일이 열거하는 일은 우리의 부지런함을 남용하는 것처럼 보일지도 모르니 그만두도록 하자. 다만 다음에 격언에 나타난 비유에 관하여 다시 언급하겠다.

4. 격언을 그것에 근접한 말과 어떻게 구별하는가

격언 Adagia과 이웃하는 종류의 말로는 우선 잠언 Sententiae이라고도 부르는 금언 Gnome이 있으며, 또 우화 Apologus라고 부르는 것이 있고, 덧붙여 '재치 있는 짧은 말'이라고 번역할 수 있는 촌철 Apophthegmata이 있으며, 또 풍자가 있으며, 또 일반적으로 어떤 특정한 유비적 방법을 사용하여 언어적 표피 밑에 진의를 숨긴 문구들이 있다.

격언을 이런 유의 비슷한 것들과 구별하는 일은, 마치 법률이나 척도로써 사태를 재듯이, 앞서 내린 격언의 정의를 사용할 줄 안다면, 그다지 어렵지 않다. 하지만 이런 적용에 익숙하지 않은 사람들을 위해 나는 귀찮은 일이라 여기지 않고, 미네르바가 설명하듯 아주 넉넉히 설명함으로써 내가 이 책을 쓰게 된 목적을 분명히 하고자 한다.

우선 금언과 격언의 관계는 서로서로 분리될 수도 있으며 동시에 서로 하나가 될 수 있는 관계로서, 마치 '흰색'과 '사람'의 관계와 같다. '흰색'은 그 자체로는 사람이 아니며, 사람이 '흰색'일 수는 없으나, 누구도 사람이 흰 피부를 갖는 것을 부정하지는 않는다. 잠언이 때로 격언을 포함하고 있으나 그렇다고 잠언이 곧 격언이라거나 격언이 곧 잠언이라고 말할 수는 없다. "가난한 사람은 갖지 못한 것뿐만 아니라 가진 것마저 없다고 생각하는 사람이다." 내지 "질투는 살아 있는 사람을 갉아먹고, 죽어서나 조용하다"는 금언이지만 결코 격언 Adagia이라 할 수 없다. 반대로 〈항구로 나는 배를 젓는다.〉(I, i,46)는 격언이다. "아이들 손에 칼을 맡기지 마라"는 비유적으로 쓰인 말로서 격언의 속성뿐만 아니라 금언의 속성도 가지고 있다. 특히 희랍 사람들 가운데 금언들을 모아 기꺼이 금언집을 만들고자 했던 사람들이 여럿 있는데 그 가운데 특히 요하네스 스토바이오스가 유명하다. 나는 이 사람을 모방하여 그런 책을 쓰고 싶은 생각은 없고 다만 나중에 그를 칭송하는 글을 한번 써보려 한다.

그럼 이제 나머지를 살펴보도록 하자. 아프토니우스는 《수사학 연설 연습》에서 우화를 단순히 신화라고 부르고 있다. 그의 주장이 말한 바로는 우화는 그 창작자에 따라 여러 가지 별칭이 붙어 있다. 예를 들어 쉬바리테스, 킬리키아, 퀴프리아, 아이소포스 등이 그것이다. 퀸틸리아누스는 희랍 사람들은 이를 신화, 교훈 이야기라고 불렀다. 로마 사람들은 이를 '훈화'라고 하였으나 이는 널리 쓰이지 못하고 있다. 퀸틸리아누스는 우화는 격언에 가깝다고 한다. 그러나 이 둘은 서로 구별되는바, 우화는 이야기가 완결되는 반면, 격언은 단편적이며, 이런 의미에서 격언은 '축소 우화'라고 할 수 있다. 퀸틸리아누스는 〈내게 부담 지우지 말게, 소 등에 쌓게나〉(II, ix, 84)라는 예를 들었다. 헤시오도스는 격언을 사용하였다. "나는 이제 왕들에게 이야기를 하나 하겠소. 비록 그들도 잘 알고 있는 이야기지만. 매가 목이 알록달록한 밤 꾀꼬리에게 말했다."[375] 아르킬로코스와 칼리마코스도 격언을 사용하였다. 반면 테오크리토스는 〈퀴니스카이〉에서 격언이라는 말 대신 '우화'라는 말을 사용하여 격언을 말한다. "참으로 한 가지 우화를 말할까 합니다. 수소가 숲으로 들어갔습니다."

'촌철'은 그것이 금언과 다른 만큼 격언과도 다르다. "자기 스

375 헤시오도스, 《일들과 날들》 202-3.

스로를 장악하지 못한 사람이라면 사모스 섬을 장악할 수 있을지도 모른다"라는 말은 격언임과 동시에 촌철이라고 할 수 있다. 시모니데스는 술자리에서 내내 입을 다물고 있는 사람에게 다음과 같이 말했다. "당신이 바보라면 이제라도 현명한 일을 한번 해보시고, 당신이 현자라면 이번 한번 멍청한 일을 해보시라." 잘 알려진 촌철 하나. "황제의 아내는 죄를 짓지 말아야 할 뿐만 아니라 그런 의심을 받아서도 안 된다"는 촌철이며 격언이라고 할 수 없다. "당신은 늘 의자 두 개에 걸터앉는군요"는 촌철이며 동시에 비난이다.

반대로 "나의 어머니는 전혀, 나의 아버지는 늘"[376] 튀로니우스의 말, "그들은 지금 방앗간에 있다"[377]라는 말은 신랄한 조롱일 뿐 격언이라고 할 수 없다. 그러나 이런 종류의 말도 딱 맞아떨어지는 상황에서는 격언으로 분류될 수도 있다. 예를 들어 "제단이 서 있는 동안 나는 당신의 친구라네." 이렇게 격언에는 간결, 교훈적 의미, 비유가 모두 한 자리에 들어 있다.

내가 길게 논의하여 강조하고 싶었던 점은, 이 책에다 나는

376 마크로비우스,《사누르누스 축제》 2, 4, 20. 황제 아우구수트스를 닮았다는 소리를 듣던 젊은이에게 황제 본인이 직접 묻기를 "그대의 어머니가 로마에 살았던 적이 있었느냐?" 그러자 젊은이는, 어머니는 한 번도 로마를 방문한 적이 없으나, 아버지가 자주 방문하였다고 말했다.

377 마크로비우스,《사누르누스 축제》 2, 4, 28. 투르니우스는 음악적 재능이 뛰어난 노예들을 데리고 있었는데, 그들을 칭찬하며 황제 아우구스투스가 상으로 볏섬을 내리고 다시 한 번 연주하기를 청하였을 때, 투르니우스가 이렇게 대답했다고 한다.

오로지 격언의 범주에 드는 말만을 모아놓았다는 것이다. 만일 무언가 의도적으로 빠뜨린 것이 하나라도 있다면 이는 나의 부주의로 인한 결과가 아니라 다만 심사숙고한 결과 격언의 범주에 속하지 않는다고 여겼기 때문이다.

5. 그 값어치 때문에 격언을 여러분에게 추천한다

이제 어떤 분이 이런 종류의 가르침은 너무나 조야하고, 어이없을 정도로 단순하고 유치하다고 치부하실까 봐, 나는 몇 마디 덧붙이고자 한다. 즉 고대인들은 눈에 보일 정도로 조야한 격언을 통해서 얼마나 큰 값어치를 얻었는가를 설명하고자 한다. 그리고 이런 격언들일지라도 때로는 적당한 장소에서 현명하게 사용하면 얼마나 건강한 기여를 하게 될지를 설명하고자 한다. 그리고 마지막으로 대개의 사람이 격언을 올바로 사용하지 못하고 있는 실정을 밝혀 놓고자 한다.

먼저 격언을 배우는 것이 아주 중요하다고 위대한 인물들이 주장하였음을 증명할 수 있다. 타의 추종을 허락하지 않았던 작가들도 격언의 유용성은 잘 알고 있었기 때문에 그들은 수십 권에 이르는 격언을 모았다고 생각한다.

우선 철학자들을 수십 명 모아놓는다 해도 도무지 비교되지 않는, 위대한 철학자 아리스토텔레스를 들 수 있다. 라에르티우스가 전하는 바로는 아리스토텔레스는 한 권의 격언집을 남겼다.

크뤼십포스는 두 권 분량의 격언집을 제노도토스에게 남겼다. 클레안테스도 같은 작업을 했다. 만일 이 철학자들의 저작이 아직 전해진다면, 내가 오늘날 수행하는 작업, 즉 조잡하고 난삽한 필사본으로 전해지는 수많은 저작을 고생스럽게 일일이 읽으며 쓸 만한 격언을 낚시꾼처럼 잡아 올리는 작업은 불필요했을지도 모른다.

일부 전해지는 격언집으로는 플루타르코스가 지었다고 하는 것이 있다. 하지만 이것은 담긴 분량이 적을 뿐만 아니라 그나마도 몇 마디 말을 덧붙일 만큼의 값어치를 지니지도 못하였다. 아테나이오스가 《현자들의 저녁 식사》에서 언급하고 있는 격언집 편찬자들 가운데 아리스토텔레스의 제자였던 솔리의 클레아르코스와 아리스티데스, 그리고 이들보다 후대 사람인 제노도토스가 있다. 제노도토스는 디뒤모스와 타레이오스의 저작을 요약하여 출판하였다. 이 책에는 데모스테네스의 격언집을 언급하면서 테오프라스토스의 격언도 인용하고 있다. 따라서 이들 학자도 격언집을 남겼음을 알 수 있다. 제노도토스의 책은 시중에서 제노비우스가 지었다고 하며 유통되었다. 하지만 아리스토파네스에 관한 여러 주석가의 기록에서 나는 제노도토스가 남겼다는 격언들을 발견하였고, 디뒤모스와 타레이오스의 격언을 요약한 이 사람의 격언이 저 제노비우스의 격언과 단어 하나까지 일치함을 알아냈다. 따라서 만일 내가 나의 책에서 제노비우스의 것을 제노도토스의 것으로 인용한다고 비난받지 않기를 바란다. 제노도토스는 다른 많은 사람을 인용하는 가운데 밀로라는 사람의 격언집을 언급하고 있다. 또한, 다이몬이라는 사람이 언급된다. 이 사람은 많은 사람에 의해 언급되고 있으며 특히 데모스테네스의 문체로 수많은 문구를 설명하였던 사람에 의해 인용되었다. 이 다이몬이라는 사람은 어마어마한 양의 격언들을 모은 듯하다. 왜냐하면, 그의 책 제40권이 인용되고 있기 때문이다.

현존하는 격언집으로 디오게니아노스의 것이 있다. 헤쉬키오스는 그의 책 서문에서 자신이 디오게니아노스가 짧게 열거하였던 격언들을 충분히 설명하였노라고 적고 있다. 하지만 헤쉬키오스의 저작은 저자가 서문에 밝히고 있는 말과는 상반된다. 왜냐하면, 디오게니아노스는 작가들의 목록과 격언의 주제를 언급하고 있지만 헤쉬키오스는 그보다 더 간략할 수 없을 만큼 격언에 관해 아주 조금만 전하고 있기 때문이다. 이런 사실로부터 추측건대 헤쉬키오스의 저작은 저자의 말처럼 상당히 많은 설명이 붙어 있는 책으로 출판되었으나 이후 다른 사람의 손에 의해 현재 남아 있는 것처럼 간략하게 재출판되지 않았을까 싶다.

수다 — 이 사람 자신도 분명 격언집을 편찬한 사람에 속하리라 — 는 격언집을 만들었다는 테아이테토스라는 사람을 언급하고 있다. 유대의 현자들은 격언집이라는 제목을 가진 수많은 책을 지금도 만들고, 격언에 담긴 신의 오묘한 말씀을 밝혀내고자 하고, 수많은 신학자가 이를 위해 논쟁을 벌였으며 오늘날도 논쟁을 벌인다는 사실을 볼 때, 격언집의 가치를 밝히기 위해 앞서와 같이 많은 학자의 이름을 들먹일 이유는 없을지도 모른다.

많은 훌륭한 작가 중에서도 격언을 자유자재로 자신의 저작에 촉촉하게 뿌려줄 수 있는 작가야말로 아주 박식하고 언변이 좋은 사람이라 할 수 있다. 희랍 사람들을 먼저 말하자면 누가 더 탁월하게 속담을 사용하였을까? 즉 감히 신적이라고 이름 붙일 수 없어 다만 '위대한'이라는 형용사를 붙이는 플라톤보다 탁월한 사람은 누구일까? 아리스토텔레스는 한편으로 매우 신중하고 진지한 철학자였지만, 그럼에도 늘 자신의 저작에 마치 보석장식을 하듯 속담을 엮어 넣으려 하였다. 테오프라스토스 역시 다른 것에서도 아리스토텔레스를 모방하였지만, 특히 속담에 관해서는 더욱 그러하다. 플루타르코스는 진지하며, 엄격한 사람이라기보다 경건한 사람이었으며 그의 전 저작 여기저기에는 수많은 격언이 담겨 있다. 플루타르코스는 《플라톤의 문제들》이라는 책에서 간혹 속담에 관한 논의를 진전시키기를 마다치 않았으며, 아리스토텔레스의 예를 따랐다.

로마 사람들에 관해 말하자면 우선 문법학자들과 시인들은 말할 것도 없고(메니페우스 풍자시를 쓴 바로는 다른 무엇보다 격언으로부터 그 풍자시의 이야깃거리를 가져왔다), 로마의 지도층들도 격언을 가지고 황제가 커다란 문제에 관해 지침을 내리는 것을 부끄러운 일이라 생각하지 않았다. 예를 들어 《유스티니아누스 법전》에서 다음과 같은 격언을 찾을 수 있다. "모든 것도 아니며, 모든 곳에서도 아니며, 모든 사람에게서도 아니다."

다음으로 과연 누가 격언이라는 이야기 방식을 백안시할 수 있을까? 사제를 통해 전해진 신탁이 다름 아닌 바로 격언의 형식을 취하고 있는데도 말이다. 예를 들어 "아버지가 신 포도를 먹었기 때문에, 자식들의 이가 시게 되었다."[378]를 들 수 있다. 우리가 본받고자 하는 분, 예수께서 직접 즐겨 격언을 사용하시어 신성한 현묘지도를 밝혀 주었는데 누가 이런 이야기 방식을 신성치 않다고 하겠는가? 희랍에서 널리 쓰이는 격언, "그 열매로써 나무를 판단한다"라는 말은 〈누가복음〉에서도 읽을 수 있다.[379] "못된 열매 맺는 좋은 나무가 없고 또 좋은 열매 맺는 못된 나무가 없느니라." 희랍의 철학자 피타쿠스는 아내를 얻는 일과 관련하여 조언을 들으려고 찾아온 사람을 보내어, 팽이를 가지고 놀고 있는 어린아이들을 바라보게 시켰으며 그 사람은 아이들이 하는 말을 들었다. "네 것에 집중해!" 예수께서는 시장 바닥에서 놀고 있는 아이들과 관련된 격언을 인용하였다. "아이들이 장터에 앉아 서로 불러 가로되 우리가 너희를 향하여 피리를 불어도 너희가 춤추지 않고 우리가 애곡을 하여도 너희가 울지 아

378 〈예레미아〉 31, 29.

379 〈누가복음〉 6, 43.

니하였다."[380] 이 말은, 만약 세속적인 것과 신성한 것을 비교해도 좋다면, 테오그니스의 《엘레기》에 등장하는 격언과 유사하다. "제우스로 말하자면 그가 비를 뿌리든 거두어들이든 우리 모두를 만족하게 할 수는 없다."[381]

옛 격언을 우리가 존경의 눈으로 바라보는 이유 가운데 하나는 격언보다 더 오래된 가르침의 형식이 없기 때문일 것 같다. 격언 안에는 아마도 거의 모든 고대의 철학이 담겨 있을 것이다. 고대 현인들이 전하는 말씀이 바로 격언의 형식이 아니고 무엇인가? 고대의 사람들은 이 현인들의 말씀을 마치 사람에게서 아니라 하늘에서 내려온 말인 양 높이 받들었다. "그리고 하늘에서 내려온 말씀, 너 자신을 알라!"라고 유베날리스가 말하지 않던가![382] 신들의 위엄에 어울릴 만한 격언들은 신전의 입구에 새겨져 있었다. 불멸의 영원한 기억으로 남길 만하다고 여겨져 신전의 여기저기에 기둥이나 대리석 조각에 새겨졌다.

격언이 하찮아 보인다면 다음과 같은 사실을 상기하라. 즉 그 크기가 아니라 그 값어치로 평가받아야 한다는 점 말이다. 제정신을 가진 사람이라면 도대체 어떻게 바위가 크다고 바위를 보석보다 아낄 수 있겠는가? 플리니우스가 말하는바,[383] 자연이

---

380 〈누가복음〉 7, 32.

381 테오그니스, 《엘레기》 25-26.

382 유베날리스, 《풍자시》 11, 27.

383 플리니우스, 《자연학》 11, 2-4.

이룩한 기적은, 우리가 이를 자세히 관찰해보면, 그보다 더 작을 수 없는 미물 안에서 더욱 위대하다. 즉 코끼리보다 거미나 모기 안에서 말이다. 따라서 문학에서도 때로는 가장 작은 것이지만 가장 위대한 지적인 업적을 이룩하는 것이 있을 수 있다.

6. 격언을 배움으로써 얻는 유익함

이제 격언에는 어떤 유익함이 있는지 간단하게 살펴보는 일이 남았다. 격언이 수많은 기여를 한다고 할 때 특히 네 가지에 주목할 수 있다. 철학, 설득, 품위 있고 매력적인 화술, 마지막으로 최고 지성과의 만남이 그것이다.

우선 격언이 철학에 속한다는 나의 주장에 상당히 놀라셨으리라 생각한다. 그러나 쉬네시우스가 전하는바, 아리스토텔레스는 격언이란 다름 아니라, 역사적 격변 속에서 사라져 간 옛 철학자들의 자취라 여겼다고 한다. 그들의 철학 가운데 살아남은 말들이 격언이 되었으며, 격언이 될 수 있었던 이유는 우선 그 말이 간단명료했거나 그 말이 지닌 푸근한 재치와 즐거움 때문이었다. 이런 이유를 건성으로 하지 않고 좀 더 면밀하고 깊이 있게 들여다보면, 속담이 된 그 말의 저변에선 그 이후 어떤 철학자들도 해내지 못한 번뜩이는 고대 철학의 불꽃을 발견할 수 있을 것이다.

플루타르코스는 또한 그의 책 《어떻게 시를 공부하는가에 관하여》에서 고대 철학자들이 남긴 격언을, 의미심장하고 신적인 것을 다만 겉보기에 하찮고 웃긴 일인 듯 표현하는 것, 예를 들어 종교 행사에서 볼 수 있는 언어행위와 아주 유사하다고 생각하였다. 플루타르코스는 저 격언이 비록 짧은 말이긴 하나 삶에 빛을 던져주는 데 있어 철학의 대가들이 여러 권의 책으로 풀어내야 할만큼의 심오함을 그 안에 감추고 있다고 주장한다. 예를 들어 헤시오도스가 언급한 격언 "절반이 전체보다 크다"라는 말을 플라톤은 그의 책 《고르기아스》와 《국가》에서 여러 논증을 통해 그 의미를 밝혀보려 시도하였고, 불의를 행하는 것보다는 불의를 당하는 편이 낫다는 명제와 같은 뜻을 지닌다는 것을 밝혀냈다. 삶에 유익한 또는 기독교적 지혜에 가까운 것으로 격언에 비할 만한 것을 철학자들이 한 번이라도 만들어낸 적이 있던가? "절반이 전체보다 크다"라는 격언 안에는 분명 매우 중요한 삶의 의미가 감추어져 있다. 전체를 빼앗는 것은 한 사람을 속여 가로채되 그에게 아무것도 남기지 않는다는 것이다. 반면 절반만을 취하는 것은 어떤 의미에서 저 자신을 속이는 일이다. 따라서 저 자신을 속이는 것이 타인을 속이는 것보다 낫다.

또한, 피타고라스의 격언 "친구 사이에는 모든 것이 공유이다"라는 말을 심사숙고해본 사람이라면 아마도 인간의 행복 모두가 이 한마디에 담겨 있음을 알게 될 것이다. 플라톤이 그 많은 책을 지어 밝혀보려고 했던 삶의 공동체, 그것을 만들어내는 요소, 다시 말해 우정이 아니겠는가? 그가 자신이 논증에 성공하여 많은 사람에게 이를 설득하였다면 오늘날 전쟁, 질투, 속임수는 우리의 삶 중에서 사라졌을지도 모른다. 간단히 말하면 근심을 가져오는 온갖 것들이 우리에게서 사라져 영원히 없어졌을 것이다. 예수께서 설파하려 하셨던 것 또한 이것이 아니고 무엇이겠는가? 예수가 가르치신 단 하나의 가르침 그것은 사랑이며, 이 단 하나의 가르침에 모든 세상의 규칙과 법률이 매달려 있는 것이다. 이러한 사랑이 우리에게 가르치고 있는바, 그것은 다름 아니라 모든 것을 모든 사람이 공유한다는 원칙이지 않은가?

예수와 사랑으로 하나 되어, 예수와 하느님을 하나로 붙들어 매는 원리인 사랑으로 우리가 예수에 묶이어, 예수와 하느님의 굳건한 결합을 우리가 가능한 한 모방하여 우리는 예수와 하나 될 수 있다. 사도 바울이 가르치는 것처럼,[384] 하느님과 하나의 영혼이 되고 하나의 몸이 되는 것은 우리가 사랑의 원리에 따라 우리가 가진 것을 예수와 공유하며, 예수가 가진 것을 우리가 공유함으로써 가능하다. 이렇게 사랑이라는 공통의 유대로 너와 내가 하나 되고, 마치 하나의 머리를 가진 것처럼 마치 하나의 몸을 가진 게 되면, 우리는 같은 영혼을 갖게 될 것이며 하나가 되어 같이 울고 같이 웃을 것이다.

이것을 상징적으로 보여주는 것이 저 성찬식에 쓰인 빵과 포

384 〈에베소서〉 4, 4.

도주이다. 들판에서 거두어들인 많은 낱알은 하나가 되어 밀가루를 이루며, 수많은 포도송이로부터 얻은 포도들은 하나가 되어 포도주를 이룬다. 하느님이 창조하신 모든 사물이 하느님 안에 있으며, 또한 하느님이 그 모든 것 안에 깃들어 있는 것처럼 사랑은 이 세상 모든 것을 하나로 만든다. 여러분은 이리하여 그렇게 작은 격언 안에 철학의 대양, 심지어는 신학의 대양이 담겨 있음을 보았다.

7. 격언. 설득의 도구

저 자신을 이해시키는 것에 만족하지 못하고 다른 사람도 설득하길 원하는 사람이 있다면, 격언으로 자신의 주장을 치장하는 것은 절대 무의미하지 않을 것이다. 예를 들어 아리스토텔레스[385]는 격언들을 분류하여 정리함으로써 자신의 수사학적 저작들에서 이를 여러 차례 논증으로 사용하였다. 그가 주장하길 예를 들어 다른 사람에게 늙은이와 가까이 지내지 말라고 설득하고자 할 때 "늙은이에게 호의를 베풀어서는 안 된다"는 격언을 논증으로 사용할 수 있다고 말한다. 또한, 만약 한 아비를 죽인 사람은 그의 아이들도 죽이리라는 것을 논증하고자 할 때, 다음과 같은 격언이 유용할 것이다. "아비를 죽이면서 그의 아이들을 살려두는 것은 바보짓이다"가 바로 그것이다. 격언의 도움을 받아

385 아리스토텔레스, 《수사학》 1, 15.

자신의 설득력을 높일 수 있다는 것은 이미 잘 알려진 사실이다. 금언 또한 논증에 전혀 쓸모없는 것은 아니다. 하지만 아리스토텔레스는 격언을 논증으로 분류하였다.

퀸틸리아누스는 자신의 책에서 여러 번 주장하는바, 격언을 사용하면 여러모로 좋은 논증을 얻을 수 있다고 하였다. 그는 제5권에서[386] 격언을 일종의 실례로 분류하였다. 물론 그에게 실례가 가진 효력은 상당히 높았다. 그는 또한 제5권에서 격언을 일종의 논법, 희랍식으로 이름을 붙이자면 크리세이스 kriseis로 분류하였는데, 이는 힘 있는 논증으로 아주 자주 사용되어 설득과 감동에 있어 적지 않은 힘을 지닌다. 차라리 퀸틸리아누스가 직접 하는 말을 여기서 인용하는 것이 좋을 것 같다.

> 널리 동의를 얻고 있는 격언은 또한 실증적 증거만큼이나 유효한 가치를 지닌다. 다른 한편 격언은 더욱 강력한 힘을 지니기도 한다. 즉 속담은 어떤 특정한 경우에만 적용되는 것이 아니라, 아주 일반적인 경우에까지 사용되는 것으로 특정한 호의나 불호의 감정이 배제되어 있지만, 명예와 진실 말고 한 사건에 연결할 이유가 달리 없기 때문이다.

그리고 이어서

386 퀸틸리아누스, 《수사학 연습》 5, 11, 37 이하.

일반적으로 널리 동의를 얻는 격언은 또한 그것을 어떤 한 사람이 만들지 않았다는 사실로부터 공공의 자산이라 할 수 있다. 예를 들어 "친구가 있는 곳에 부가 있다" 또는 "양심은 천 명의 증인", 또는 키케로에서 "옛말에 이르길 동일한 것은 동일한 것끼리 어울린다" 등의 격언이 있다. 이 말들이 만약 만인에게 동의를 얻지 못하였다면 그토록 오랫동안 살아남았을 리 없다.

여기까지가 퀸틸리아누스의 말을 인용한 것이다. 퀸틸리아누스는 또한 얼마 후에 신들이 내리는 신탁도 앞서 격언과 마찬가지 방식으로 다루고 있다. 키케로는 어떠한가? 그는 플라쿠스를 위한 변호에서 격언을 사용하여 증거의 신빙성을 무너뜨리지 않았던가? 문제의 격언은 〈카리아에서의 위험〉(I, vi, 14)이라는 격언이었다. 또한, 그는 앞서 변호에서 희랍인들 전체를 통틀어 그들의 신뢰성을 다음의 속담을 들어 부인하였다. 〈너의 증거를 내게 빌려다오〉(I, vii, 95) 또한 철학자들은 간혹 개인적으로 만나면 자신의 주장을 격언을 들어 입증하고 있음을 내가 언급할 필요가 있을까? 역사학자들이 종종 자신이 서술하는 것이 진실임을 입증하기 위해 격언을 사용한다는 것은 놀랄 일도 아니다. 문헌이 보관하지 못하는 역사, 비문, 기념비, 조각상이 간직해두지 못한 사건을 긴밀하게 속담이 간직하고 있는 것도 사실이다. 이것이 내가 그다지도 격언을 추켜세우려는 이유 가운데 하나이다.

성 히에로뉘모스는 찬송가에 담긴 금언을 세속적 격언을 들어 입증하는데 주저하지 않았다. 〈부자는 저 스스로 악한이거나 아니면 악한의 상속자이다〉(Ⅰ, ix, 47) 사도 바울도 자신의 설교에서 격언을 증거로 사용하는 것을 나쁘게 생각하지 않았다. 그의 그런 태도에는 이유가 없지 않았다. 왜냐하면, 설득력, 신뢰를 전달하는 능력은 우선 설득을 성취함으로써 드러난다고 할 때, 내가 여러분에게 묻거니와, 만인이 주장하는 명제보다 더 설득력이 있는 것이 무엇이겠는가? 마치 만장일치를 얻은 양, 여러 시대의 여러 사람으로부터 동의를 얻은 말보다 무엇이 진정 옳다 하겠는가? 다시 한 번 말하거니와 격언은 진리의 강력한 힘을 본성적으로 지니고 있다. 그렇지 않다면 어떻게 수천의 사람이, 그것도 서로 다른 수천의 언어들로써 수세기가 지나도록 없어지지 않으며 빛바래지 않는 동일한 생각을 가질 수 있단 말인가? 동일한 시간 동안 저 피라미드는 쇠퇴하지 않았던가? "진리는 그 어떤 것보다 강하다"라는 격언의 본령을 우리가 확인하는 순간이다.

한편 어떤 생각이 창과도 같이 격언의 형식으로 날카로운 끝을 가지고 상대방의 마음에 꽂히면 평생 화두가 되어 마음속에 남곤 한다. 당신이 만약 어떤 생각을 다음과 같이 "시간은 빨리 흐르고 인생은 짧다"라고 표현했다면, 이 말은 곧 같은 뜻의 격언, 〈인간은 하지만 거품이다〉(Ⅱ, iii, 48)란 말보다 작은 인상을 남기게 될 것이다. 퀸틸리아누스가 웃음에 관하여 논한 글에서 논한바, 사건을 변호하는 데 그 어떤 논증으로도 해결할 수 없는 난관이 가벼운 한마디 우스개로 회피되는 경우도 있다 하였는데, 내 생각에는 격언이야말로 이런 일에 안성맞춤인 듯싶다.

8. 격언의 장식적 가치

격언을 제때 사용하면 아름다움과 우아함을 보탤 수 있다는 주장을 설명하는데 내 생각에는 그다지 많은 시간이 필요하지 않을 것 같다. 우선 자신이 소장한 골동품 하나만으로도 자신의 품위를 격상시킬 수 있음을 누가 부정할 수 있는가? 만약 연설의 깊이와 숭고함으로 가져다줄 수 있는 수사법을 찾는다면, 또는 표현의 우아함을 보태고자 한다면, 마지막으로 재치 있는 유쾌함을 얻고자 한다면, 격언이야말로, 온갖 종류의 수사적 기법이나 재치와 웃음을 골고루 갖추고 있는 격언이야말로, 사람들이 원하는 모든 것을 제공할 것이며 마침내 격언 자체가 가진 고유한 매력 또한 제공할 것이다.

격언을 자신의 연설에 적절하게 엮는 것은 연설을 고대로부터 내려오는 빛으로 빛나게 만드는 것이며, 수사학적인 색채로 우리를 즐겁게 하는 것이며, 보석과도 같은 지혜의 말로 광채를 부여하는 것이며, 재치와 웃음이라는 반찬으로 우리를 매료시키는 것이다. 한마디로 말해서 격언은 그 고매함으로 관심을 일깨우며, 그 명료함으로 기쁨을 가져오며, 그 단호한 힘으로 설득을 이루어낸다.

9. 격언. 문학작품을 이해하는 유용한 도구

격언이 다른 어떤 곳에 쓸모가 있는지는 모르겠으나 적어도 역사가 유구한 고전 문학을 읽고 이해하는 데 도움이 되며, 더 나아가 필수적이기까지 하다는 것은 분명하다. 고전 문학의 대부분은 그 사본 상태가 형편없어 읽기 어려우며, 특히 격언이 수수께끼와도 같은 흔적을 남긴 자리에서는 특히 어려워 학문이 높은 사람들조차 이해하기가 쉽지 않다. 종종 아무 연관 없이 격언이 중간에 들어 있다거나 때로 "강물이 거꾸로 흐른다" 등과 같이 몽동발이가 되면 더욱 이해하기 쉽지 않다. 때로 속담 가운데 덜렁 한 단어만을 가지고 변죽을 울리는 경우도 그러하다. 키케로는 《아티쿠스에게 보내는 서신》에서 "도와주게나, 부탁하네. '예방.' 자네도 알고 있겠지?"라고 쓰고 있다. 여기서 키케로는 〈예방이 치료보다 낫다〉(I, ii, 40)라는 속담을 인용한 것이다.

이런 식으로 격언을 만약 모르는 경우 격언은 굉장한 어둠을 이끌고 온다. 하지만 일단 격언을 배우고 나면 격언은 또한 굉장한 빛을 던져 준다. 희랍 문헌이나 로마 문헌이나 할 것 없이 무시무시한 오해는 바로 여기에 그 원인이 있다. 이 때문에 희랍 문헌을 라티움 어로 번역한 자들은 혐오스러운 실수를 범했다. 이 때문에 어떤 작가들이, 배운 사람일지도, 고전 문학을 해석하면서 저지르는 어이없는 기만은 사실 미친 짓에 가깝다. 나는 이 책 여기저기에서 이런 기만을 언급할 것이지만, 다만 독자들이

나의 지적을 읽고 저 스스로 "이름 높은 학자들도 그런 어처구니 없는 잘못을 저지르는구나"라고 결론짓게 하는 것이 더욱 평화롭고 합목적적이라고 생각할 경우에는 언급하지 않으려고 한다.

고전작가들은 때로 어떤 격언을 아주 은밀히 암시하곤 한다. 물론 격언을 모른다고 해도 내용이 불분명해지는 것은 아니지만, 격언을 알지 못할 경우 글에 숨겨진 즐거움을 얻지 못하게 될 수도 있다. 예를 들어 호라티우스의 글에서 이런 경우를 발견할 수 있다. "나를 태우는 말, 나를 먹이는 임금"이 그러하다. 베르길리우스에게는 〈운명은 카마리나에게 움직이지 못하도록 하였다. 그 도시는 멀리서 나타났다〉(I, i, 64)의 경우가 있다. 전자의 경우 "말은 나를 태우고 임금은 나를 먹인다"라는 격언이 있으며, 후자의 경우 "카마리나를 움직이지 마라!"라는 격언이 있다.

10. 격언의 난해함은 존경을 부른다.

〈좋은 것은 어렵다〉(II, i, 12)라는 격언에 따라, 그리고 쉬워 보이는 것은 곧잘 조롱받고 어리석은 백성들에게 싸구려라는 소리를 듣기 때문에 격언을 이해하기 쉽다거나 대화 가운데 꾸며 넣기에 편리하다는 인상을 불러일으킬 말은 삼가도록 하자. 또한, 격언을 쓰는 일이 얼마나 많은 즐거움을 주는지도 말하지 말자. 보석으로 반지를 만드는 작업이 적지 않은 기술이 필요하듯, 자주색 옷감을 황금의 실로 꿰매는 작업에 숙련이 필요하듯, 내 민거니와 아무나 자신이 일상 쓰는 말 가운데 적절하고 아름답게 격언을 사용할 수 있는 것은 아니리라.

퀸틸리아누스가 웃음에 관하여 언급한 발언이 격언에도 정당하게 적용될 수 있다. 즉 그것을 얻으려는 것은 매우 위험한 일이다. 왜냐하면, 음악에 비유하자면 만약 당신이 아주 훌륭하게 연주하지 못하면, 오히려 비웃음만을 얻을 것이기 때문이다. 말인즉 최고의 칭찬을 받던지 아니면 최악의 웃음거리가 될 수밖에 없기 때문이다.

11. 격언의 사용은 얼마나 권장할 만한 것인가

이제 이 모든 것에 비추어 나는 격언이 어떤 정도까지 어떤 방식으로 사용되어야 하는지를 지적하고자 한다. 우선 격언을 사용하는 데 있어, 아리스토텔레스가 수사학에 관련된 그의 저서에서 별명에 관해 권하고 있는 규칙을 동일하게 적용할 수 있음을 기억해두기 바란다. 즉 별명은 사용할 때는 음식처럼 하지 말고 다만 양념처럼 해야 한다. 다시 말해 '충분히' 할 것이 아니라 다만 '기쁘게' 사용해야 한다. 따라서 우리가 원하는 곳에 아무 데나 격언을 삽입해서는 안 된다. 보석이라도 그것을 아무 데나 덧붙이면 우습게 되는 경우가 있는 것처럼 마찬가지로 격언을 잘못된 곳에 되는 대로 쓰는 것은 어리석은 일이다.

사실 퀸틸리아누스가 그의 책 제8권에 교훈을 사용하는 것에 관해 만들어놓은 규칙을 우리는 격언을 사용하는 데 적용할 수 있다. 그의 말에 따르면 우리는 우선 격언을 너무 자주 사용해서는 안 된다. 과도하게 사용된 격언은 그 빛을 잃어버린다. 마치 아무것도 분명한 것이 없이 되는 대로 그려진 그림이 우리의 시선을 잡지 못하는 것과 같다. 여러 형상을 하나의 화폭에 늘어놓는 경우 화가는 충분히 공간을 활용하여 하나의 형상이 다른 형상에 그림자를 드리우지 못하도록 만들어야 하는 것과 같다.

격언은 그 각각이 독립되어 있으며 하나의 격언은 전혀 새로운 문맥을 요구한다. 이런 이유에서 격언은 문장을 전혀 다른 문맥으로 이끌게 되며, 그 결과 여러 번 격언을 사용하면 한 문장이라도 여럿으로 조각조각 쪼개져 마침내 불명료해지며 구조를 상실하게 된다. 격언은 마치 자줏빛 띠 장식과 같아서 제대로 사용하면 옷을 더욱 아름답게 만들지만 여러 개의 띠 장식을 옷에 붙인다면 그 옷은 누구에게도 어울릴 수 없다.

또 다른 단점은 여러 격언을 사용하는 사람은 반드시 진부하고 부자연스러운 격언도 함께 사용할 수밖에 없다는 것이다. 왜냐하면, 격언을 많이 사용하려고 애쓰는 경우 선택의 여지가 없을 수도 있기 때문이다.

마지막으로 과장되거나 시의 적절치 않으면 매력이 상실된다. 하지만 친구에게 편지를 보내는 경우 과장의 방식으로 마음대로 즐겁게 쓸 수도 있겠으나 신중한 편지를 쓰는 경우에는 더욱 드물게, 더욱 깊이 생각한 이후에 격언을 사용해야 한다.

12. 격언의 다양한 용례

내 생각에는 격언이 사용되는 다양한 용례를 짧게나마 언급하는 것도 나쁘지 않을 것 같다. 왜냐하면, 여러분이 그 다양한 용례에 따라 같은 격언이지만 다양하게 적용할 수도 있기 때문이다. 먼저 같은 격언이지만 서로 다른 문맥에서 다른 의미로 사용할 수 없는 것은 아니다. 예를 들어 〈밑 빠진 독〉(I, x, 33)이라는 격언은 건망증, 사치, 인색, 경박한 행동이나 배은망덕에 적용될 수 있다. 여러분이 잘 잊는 사람에게 말한 것은 그의 마음에서 쉬이 빠져나가며, 사치스러우면 아무것도 남아나지 않을 것이며, 인색한 욕심쟁이를 만족하게 할 수 없을 것이며, 경박한 수다쟁이는 속에 담아 두지 못하며, 배은망덕한 자에게 베푼 호의는 곧 사라져 버리기 때문이다.

때로 똑같은 격언이 역설적이게도 정반대의 뜻을 가질 수도 있다. 때로 악명 높은 거짓말쟁이에 관해 이야기하면 〈세 발 솥에 나오는 신탁을 들으시오〉(I, vii, 90)라고 말할 수도 있다. 때로 격언 가운데 한 단어를 바꾸면 여러 의미로 쓰일 수도 있다. 예를 들어 "적에게서 받은 선물은 선물이 아니다"라는 격언에서

'적'을 '가난뱅이'로, '아첨꾼'으로, '시인'으로 바꿀 수 있다. 적들에게서 온 선물은 파멸을 불러온다고 믿어졌으므로, 가난뱅이, 아첨꾼, 시인이 무언가를 주었다면 그것은 무언가 더 큰 이익을 얻기 위한 것이지 순수한 호의는 아니다.

한마디로 여러분은 자유롭게 이런 유사 용례를 여러분이 원하는 단어를 이용하여 만들 수 있다. 이런 방식으로 거의 무한하게 당신은 예를 사람에게서 사물로, 사물에서 사람으로 바꿀 수 있다. 사람에 적용된 사례를 하나 들어보자. "격언에 〈헤라클레스도 한 번에 둘을 가질 수는 없다〉(I, v, 39)라고 하지만 나는 헤라클레스라기보다 오히려 테르시테스[387]인데 내가 어떻게 두 가지 대답하겠는가?"라고 쓸 수도 있다. 이것은 좀 틀어서 사물에 적용할 수도 있다. "헤라클레스도 한 번에 둘을 가질 수는 없다. 내가 어떻게 가난과 병약을 동시에 맞설 수 있겠는가?" 또는 "헤라클레스도 한 번에 둘은 가질 수 없다고 하지 않더냐. 그런데 당신은 감히 두 명의 헤라클레스에게 맞설 수 있는가?" 또는 이런 식으로 가능하다. "희랍 격언과는 정반대가 되었네. 나는 석탄을 원했는데 보물을 찾았군그래." "나는 청동 대신 금을 얻은 것이 아니라, 금 대신 청동을 얻은 격이다."

때로 격언은 이렇게 유사 용례를 통해 유용하게 쓰일 수 있

---

387 호메로스, 《일리아스》 2, 210 이하에 등장하는 사람으로, 아가멤논에 덤벼들었다가 오뒷세우스에게 혼쭐이 난다. 희랍군에 참여한 인물 가운데 가장 못난 사람이라고 한다.

으며 때로 관련된 단순한 비유를 통해 그럴 수 있다. 때로 격언을 생략된 형태로 사용할 수도 있다. 예를 들어 어떤 사람이 여러분에게 질문과는 동떨어진 대답을 했을 때, 〈내가 원했던 것은 낫이었다〉(Ⅱ, ii, 49)고 말할 수 있다. 그리고 키케로에서 〈잘 해보게〉(Ⅰ, ii, 43)라는 형태로 쓰이기도 하였다. 때로 단 한 단어만을 언급하여 변죽을 울리는 것으로 충분한 경우도 있다. 예를 들어 아리스토텔레스는 〈그런 종류의 사람들은 서로에게 용기장이〉(Ⅰ, ii, 25)라고 했다. 격언을 사용하는 다른 용례도 있다. 그러나 더 많은 것을 원하는 사람들은 그들이 원하는 것을 내가 만든 주석서 《생각과 표현 능력을 두 배로 늘리는 방법에 관하여 De duplici copia》에서 찾을 수 있다.

13. 격언에 쓰인 비유에 관하여

이제 격언의 목록을 작성하는 일이 남았지만, 그전에 먼저 격언에 쓰인 비유에 관해 지적해야겠다. 왜냐하면, 명구 가운데는 딱 보기에 격언과 전혀 닮지 않은 것이 있지만 어떤 명구는 격언의 목록에 간단히 추가할 수 있을 만큼 분명한 격언의 모습을 띠고 있기 때문이다.

일반적으로 말해서 모든 금언은 격언의 유에 가깝다. 게다가 비유, 특히 우의적 표현, 그 가운데 특히 우리가 늘 접하는 일상적인 것으로부터 생겨난 경우, 그러니까 항해와 전쟁에서 생겨난 우의적 표현도 그러하다. 우의적 표현의 예는 다음과 같다. 순풍을 타고 항해하다, 난파하다, 뱃머리를 돌리다, 키를 잡다, 배 밑창에 고인 물을 퍼내다, 돛을 바람에 맡기다, 돛을 접다 등이 있다. 또 효시를 날리다, 칼에 맞서 싸우다, 퇴각 신호를 보내다, 접전을 벌이다, 멀리에서 화살을 날리다, 전투를 시작하다, 전투에 합류하다, 등 이런 종류의 수많은 우의적 표현들이 있다. 이런 표현들은 약간만 손보면 격언에 넣을 수 있다.

또한, 아주 잘 알려지고 익숙한 일상적 경험으로부터 생겨난 표현들이 있다. 대체로 물리적인 것을 일컫는 말을 정신적인 영역에 적용한 경우이다. 엄지손가락을 누르다(응원을 보내다), 눈살을 찌푸리다(불쾌하다), 으르렁대다(기분이 좋지 못하다), 얼굴을 펴다(기쁘다). 또 육체적 감각에서 생겨난 표현들이 있다. 냄새 맡다(알아채다), 맛보다(조사하다). 이런 표현들은 격언의 모양새를 갖추고 있다. 어떤 기술에 고유한 표현들이 다른 의미로 쓰인 경우, 예를 들어, 음악에서 생겨난 말 〈두 옥타브〉(전체적으로 두 번)(I, ii, 63), 지리학에서 생겨난 말 〈지름의 양편〉(서로 극단적으로 반대되는)(I, x, 45), 또 지리학에서 생긴 말의 예로 '십 리나 되는 말', 대장장이에게서 〈모루에 올리다〉(I, v, 92), 석수장이의 일에서 '먹줄도 안댔다', 화가의 일에서 '붓끝도 안댔다', 연극으로부터 '대단원'이라는 말이 생겨났다.

때로 비유가 전혀 없이 변죽만 울려 격언의 속성을 부여하는 경우도 있다. 이런 변죽은 널리 알려져 누구나 알고 있는 사람이나 사실을 언급할 때 성공할 수 있다. 예로 희랍 문학에서 호메로스를, 로마 문학에서 베르길리우스를 들 수 있다. 플루타르코스의 글에 나오는 유사한 예를 하나 들어보자. "많은 선하고 진실한 사람들이 플라톤을 지지하기 위해 모였다." 이 예는 예배의 관례를 암시하고 있다. 희생을 바치며 제사장이 "거기 누구인가?"라고 물으면 운집한 사람들이 "많은 선하고 진실된 자들입니다"라고 대답하였다. 또한, 키케로의 편지글에서 이런 문구를 찾을 수 있다. "두 사람이 함께", 루키아노스에게서 "의학의 아들들"이라는 말이 의사를 대신하여 쓰였다.

때로 목가시에서 종종 접할 수 있는 문구 가운데 격언과 비슷한 것들이 있다. 불가능, 불가피, 불합리, 유사와 상이를 나타내는 문구들이다. 불가능의 예로 〈그러나 그것은 바닷가에서 파도를 세는 일과 같다〉(I, iv, 45)가 있으며, 베르길리우스에서 "사슴이 발걸음도 가볍게 하늘에서 풀을 뜯고 바닷물이 물고기를 벌거벗겨 바닷가에 내놓기 전에"가 있다. 불가피의 예로 "멧돼지가 산을 좋아하고, 물고기가 물을 반긴다." 그리고 세네카에서 "이 낡은 세계의 밝은 별들이 일주하는 동안"이 있다. 불합리의 예로 "여우에게 멍에를 씌우고 숫양에게 젖을 짜다." 상이의 예로 "푸른 도마뱀이 풀 섶에 숨어들지라도, 나는 사랑으로 타오른다"가 있다. 테오크리토스에서 유사한 예로 "격랑이 침묵하고 폭풍이 잠잠해도 나의 가슴은 전혀 고요할 줄 모른다"가 있다. 유사의 예로 "늑대는 염소를 쫓고, 그 늑대를 사나운 사자가 쫓는다"와 테오크리토스에서 "염소는 풀잎을 쫓고 늑대는 염소를 쫓는다"라는 말이 있다.

격언과 매우 흡사한 수사법 두 가지가 있다. 그중에 하나는 동일한 말을 반복하는 경우이고 다른 하나는 반대되는 말을 가까이 붙여 놓은 경우이다. 예를 들어보자. "악인은 악인을 낳는다." "사악한 까마귀는 사악한 알을 낳는다." "현명한 아이는 현명한 아버지를 가지고 있다." 이런 유형은 희랍의 극, 비극이나 희극에서 흔히 볼 수 있다. "그럴만한 자가 그럴만한 벌을 받는다." "친구가 친구에게" "악인이 악인에게" "선인이 선인에게" "각자가 각자에게" "모든 왕비에게 그녀의 남편은 늘 공정하다." "손이 손을 문지르다." "수다쟁이는 수다쟁이 옆에 앉는다."

반대되는 말이 나란히 하나로 붙어있는 경우는 다음과 같다. 아리스토파네스에서 "정의롭게 그리고 불의하게" "정당하게 또는 부당하게" 플라톤에서 "그는 원하며 원하지 않는다." 또 "말로도 행동으로도" 또한, 로마의 시인들에서도 이런 예들을 볼 수 있다. "선악이 온통 뒤섞여" "그녀는 진리와 거짓을 퍼뜨렸다." (발레리우스 막시무스는 원래의 뜻에서 벗어나서 단순히 강조 용법으로 이런 말을 사용하였다. 왜냐하면, 그가 "선과 악에 반하는 일을 벌이는 자, 그가 비록 최고 통수권을 가진 자일지라도, 여러분은 그자를 살려두어서는 안 된다"라고 말하였는데, 여기서 그 무도한 행동을 '악에 반하여'라고 말하는 것을 보면 분명하기 때문이다.) "어떤 정의와 어떤 불의로써" "무슨 일이든 행하고 겪는다" "가치 있으며 가치 없는" "그는 무슨 말을 하였으며 하지 않았는가?" "평화 시에나 전쟁 시에도" "공적으로 사적으로" "당신이 알 거나 모르거나" "공개적으로 그리고 비밀리" "농담으로 진담으로" "손과 발로" "밤낮" "처음에나 마지막으로" "늙으나 젊으나" "신들과 인간들의 환호를 받으며"

이런 종류의 문장들은 시인들 여기저기서 수없이 발견된다. "처녀이면서 처녀가 아닌" "신부이면서 신부가 아닌" "결혼이면서 결혼이 아닌" "도시이면서 도시가 아닌" "파리이나 끔찍한 파리" "불행한 행복" "선물 아닌 선물" "두려움 없는 두려움" "전쟁 아닌 전쟁" "장식되지 않은 장식" "감사 아닌 감사" "부 아닌 부"

반대되는 말이 하나의 단어를 만드는 경우가 있다. 예를 들어 희랍어 'morosophos'는 '어리석은 지혜'이며 희랍어 'glukupikros'는 '달콤하며 쓰디쓴'이라는 형용사이다. 이 단어는 플루타르코스에 따르면 사랑에 빠진 사람들이 고통과 즐거움이 섞여 있는 자신의 열정을 표현할 때 쓰는 말이며 이 사람들은 기꺼이 이런 감정을 열망한다. 수수께끼 같은 다음과 같은 말도 여기에 속한다. "나는 실어 나르며 실어 나르지 않으며, 가지고 있으며 가지고 있지 않다" "보면서 보지 않는 사람 아닌 사람

/ 맞히면서 맞히지 않는 돌 아닌 돌 / 나뭇가지 아닌 나뭇가지 위에 / 앉으면서 앉지 않은 새 아닌 새" 이 수수께끼를 아테나이오스가 클레아르코스를 인용하여 언급하였으며 또한 트리폰이 언급하였으며 플라톤도 언급하고 있다. 다른 예를 들어 보자. "혀 없는 수다쟁이" "죽음을 죽는 불사신" "돼지 털처럼 부드러운" "아들 아닌 아들" 아테나이오스의 책 제10권에는 이런 종류의 많은 예가 설명되어 있다. 격언들은 본성상 수수께끼같이 모호한 말도 포함한다. 마치 격언과 수수께끼 사이에 무슨 근친 관계가 있는 듯 오히려 모호함이 환영받는다. 예를 들어 다음과 같이 어처구니없는 말도 격언에 포함될 수 있다. "안티퀴라로 항해한다" "돼지를 희생 제물로 바친다" "무덤에서 바다 풀을 뜯는다" 첫 번째 것은 호라티우스의 말이고, 두 번째 것은 플루타르코스의 말이며 세 번째 것은 테오크리토스의 말이다. 많은 수의 신탁들도 격언과 유사한 본성을 가지고 있다. 또 피타고라스의 가르침도 본성상 분명 격언에 속한다.

과장법도 격언에 특히 적합한 유형의 수사법이다. 예를 들어 "팔을 들어 하늘에 닿다" "고함에 바위가 깨다" "웃음으로 사슬을 풀다" 등에서처럼 다른 종류의 비유와 함께 사용된다. 고유명사를 사용한다든지, 비교한다든지, 별명을 사용한다든지 여러 가지 방식으로 비유가 만들어진다. 〈제2의 아리스타르코스〉(I, v, 57) 〈우리의 팔라리스〉(I, x, 86) 〈스텐토르와 같이 시끄러운〉(II, ii,

37) 〈칼자루 위의 사자처럼〉(II, x, 82) 〈네스토르처럼 말을 잘하는〉(I, ii, 56) 이런 비유법의 예를 여럿으로 나누어 살펴보도록 하자.

사물 자체로부터

우리가 어떤 사악한 사람을 일컬어 사악 그 자체로 할 때나, 악명 높은 사람을 악명 그 자체라고, 해로운 사람을 질병 그 자체라고, 대식가를 밑 빠진 독이라고, 침울한 자를 어둠이라고, 도덕적으로 타락한 사람을 쓰레기라고, 지저분한 사람을 땟국이라고, 비열한 사람을 쓰레기라고, 깨끗하지 못한 사람을 시궁창이라고, 흉측한 사람을 괴물이라고, 문제를 자꾸 일으키는 사람을 종양이라고, 감옥에 갇힌 사람을 콩밥 먹는 사람이라고 한다. 한편 여기에 비교를 덧붙여 말을 만들어 낼 수 있다. "황금처럼 누런" "악만큼 악한" "어둠만큼 검은" "수다처럼 수다스러운" "추함처럼 추한" "가물만큼 목마른" "가난만큼 가난한' "불운처럼 불운한" "영아처럼 어린" 이런 범주에 또한 다음과 같은 말도 포함된다. "기근의 아버지" "말의 샘" "침묵보다 많은" "죽음보다 끔찍한"

유사한 사물로부터

앞선 것에 가장 가까운 것으로 유사한 사물로부터 생겨난 표현들이 있다. "꿀처럼 달콤한" "눈처럼 흰" 〈기름처럼 미끄러운〉(I, vii, 35) 〈귓볼처럼 부드러운〉(I, ii, 36) 〈순금처럼 순결한〉(I, ii, 43) "납처럼 둔탁한" "그루터기처럼 어리석은" "바닷가처럼 대답 없는" 〈아드리아 해처럼 폭풍 치는〉(IV, vi, 89) "대양처럼 무심한" "스펀지처럼 잘 빨아들이는" "사막처럼 메마른" 〈부석처럼 말라버린〉(I, iv, 75) 〈도도나의 청동처럼 시끄러운〉(I, i, 7) "유리처럼 깨지기 쉬운" "공처럼 가만히 있지 못하는" 〈장화처럼 편한〉(I, i, 94) "이집트 클레마티스처럼 가느다란" "오리나무처럼 높은" 〈숫돌처럼 단단한〉(I, i, 20) "태양처럼 밝은" "별처럼 아름다운" "회양목처럼 창백한" 〈사르디아 약초처럼 신랄한〉(III, v, 1) "해초처럼 끔찍한" "아에트나 화산처럼 펄펄 끓는" 〈근대뿌리처럼 맛없는〉(II, iv, 72) 〈저울처럼 정의로운〉(II, v, 82) "뿔처럼 굽은" "물방울처럼 공허한" "날개처럼 가벼운" "바람처럼 변덕스러운" "죽음처럼 증오스러운" 〈심연처럼 깊은〉(III, vii, 41) 〈미로처럼 꼬인〉(II, x, 51) 〈푸른 별맞이꽃처럼 흔한〉(I, vii, 21) 〈코르크처럼 가벼운〉(II, iv, 7) 〈여기저기 금이 간 항아리처럼 줄줄 새는〉(I, x, 33) "등잔불처럼 투명한" "물시계처럼 물이 듣는" "샘물처럼 맑은" 〈에우리포스 해협 물살처럼 자주 바뀌는〉(I, ix, 62) "내 눈처럼 사랑스러운" "빛처럼 환영받는" "생명처럼 소중한" 〈마른 들장미 넝쿨처럼 고집 센〉(II, i, 100) 〈데친 양배추처럼 메스꺼운〉(I, v, 38) "자주색 띠처럼 빛나는" "플로라의 카니발처럼 음탕한"

살아있는 생물로부터

앞서 비슷한 표현들이 살아있는 생물로부터 생겨났다. 〈여자처럼 수다스러운〉(Ⅳ, ⅰ, 97) "염소처럼 음탕한" "사슴처럼 활기 넘치는" "까마귀처럼 장수하는" 〈늙은 까마귀보다 오래된〉(Ⅰ, vi, 64) 〈갈가마귀보다 성가신〉Ⅰ, vii, 22) "꾀꼬리보다 말 많은" "뱀보다 위험한" "독사보다 해로운" 〈여우보다 약아빠진〉(Ⅰ, ii, 28) 〈고슴도치보다 날카로운〉(Ⅱ, iv, 81) 〈아카르나이아의 돼지보다 부드러운〉(Ⅱ, iii, 59) 〈뱀장어보다 미끄러운〉(Ⅰ, iv, 95) 〈토끼보다 소심한〉(Ⅱ, ⅰ, 80) "달팽이보다 느린" 〈물고기보다 건강한〉(Ⅳ, iv, 93) 〈물고기보다 말 없는〉(Ⅰ, v, 29) "돌고래처럼 장난치는" 〈불사조처럼 드문〉(Ⅱ, vii, 10) "흰 암퇘지보다 애를 많이 낳는" 〈검은 고니처럼 드문〉(Ⅱ, vii, 21) 〈히드라처럼 변화무쌍한〉(Ⅰ, ⅰ, 95) 〈흰 까마귀보다 드문〉(Ⅳ, vii, 35) 〈독수리보다 탐욕스러운〉(Ⅰ, vii, 14) "전갈보다 잔혹한" 〈거북이보다 느린〉(Ⅰ, viii, 84) "들쥐보다 조용한" "돼지보다 무식한" "당나귀보다 어리석은" "물뱀보다 잔인한" "사슴보다 겁 많은" "거머리보다 목마른" "개보다 싸움질 잘하는" "곰보다 털 많은" "물방개보다 가벼운" 루키아노스도 또한 이런 종류의 말들을 모아 놓았다. "그들이 강아지처럼 보채고 토끼처럼 소심하고 원숭이처럼 아양 떨고 당나귀처럼 탐욕스럽고 고양이처럼 잘 훔치고 싸움닭처럼 잘 싸운다면"이라고 적고 있다. 플루타르코스는 그의 글에서 "까마귀처럼 의리 없고, 생선 자반처럼 조용하고 개처럼 미천하고 비굴하다"

고 적고 있다.

신적인 존재들로부터

신의 특징으로부터 만들어진 말이 있다. "디아나처럼 순결한" "그레이스 여신들처럼 우아한" "프리아푸스처럼 음탕한" "베누스처럼 사랑스러운" "메르쿠리우스처럼 말 잘하는" 〈몸모스처럼 신랄한〉(Ⅰ, v, 74) "베르툼누스처럼 잘 바뀌는" 〈프로테우스처럼 잘 변하는〉(Ⅱ, ii, 74) "엠푸사처럼 오락가락하는"

전설에 등장하는 인물로부터

〈탄탈로스처럼 목마른〉(Ⅱ, iv, 14) "아트레우스처럼 잔혹한" 〈퀴클롭스처럼 야만적인〉(Ⅰ, iv, 15) "오레스테스처럼 미친" 〈율리세스처럼 꾀 많은〉(Ⅱ, vii, 79) 〈네스토르처럼 말 잘하는〉(Ⅰ, ii, 56) 〈글라우코스처럼 어리석은〉(Ⅰ, ii, 1) 〈이루스처럼 궁핍한〉(Ⅰ, vi, 76) 〈페넬로페처럼 순결한〉(Ⅰ, iv, 42) "니레우스처럼 잘 생긴" 〈티토노스처럼 오래 사는"(Ⅰ, vi, 65) "에뤼시퀴톤처럼 굶주린" 〈니오베처럼 애 많은〉(Ⅲ, iii, 33) 〈스텐토르처럼 시끄러운〉(Ⅱ, ii, 37) 〈테이레시아스처럼 눈먼〉(Ⅰ, iii, 57) "부시리스처럼 악명 높은" 〈스핑크스처럼 수수께끼 같은〉(Ⅱ, iii, 9) 〈라비린토스처럼 복잡한〉(Ⅱ, x, 51) 〈다이달로스처럼 재주 좋은〉(Ⅱ, iii, 62) 〈거인족처럼 우쭐대는〉(Ⅲ, x, 93) "그륄로스처럼 어리석은" "륀케우스처럼 눈썰미가 있는" 〈히드라처럼 끈질긴〉(Ⅰ, x, 9)

희극의 인물로부터

희극의 인물로부터 생겨난 말들이 있다. "테렌티우스의 트라소처럼 큰소리치는" "데메아처럼 싸움질하는" "미키오처럼 좋은 성격의" "그나토처럼 알랑거리는" "포르미오처럼 자신만만한" "다부스처럼 약삭빠른" "타이스처럼 매력적인" "에우클리오처럼 불쌍한"

역사적 인물로부터

역사적 인물로부터 생겨난 말들이 있다. 〈졸리오스처럼 질투심 강한〉(II, v, 8) 〈카토처럼 엄격한〉(I, vii, 89) 〈티몬처럼 비정한〉 〈팔라리스처럼 잔인한〉(I, x, 86) 〈티모테오스처럼 행복한〉(I, v, 82) 〈사르다나팔로스처럼 비루한〉(III, vii, 27) "누마처럼 경건한" "포키온처럼 정의로운" "아리스티데스처럼 청렴결백한" 〈크로이소스처럼 부유한〉(I, vi, 74) "크라수스처럼 풍요로운" "코드로스처럼 불행한' "아이소포스처럼 방탕한" "헤로스트라소스처럼 야심 많은" 〈파비우스처럼 조심스러운〉(I, x, 29) "소크라테스처럼 인내심 강한" 〈밀로처럼 근육질의〉(I, ii, 57) '크뤼십포스처럼 날카로운" "트라칼로스처럼 좋은 목소리를 가진" "쿠리오처럼 건망증이 심한" "우리 시대의 아리스타르코스" "기독교의 에피쿠로스" 〈한물간 카토〉(I, viii, 89)

사람의 이름으로부터

사람의 이름으로부터 생겨난 말이 있다. 〈카르타고 사람들처럼 믿을 수 없는〉(I, viii, 28) 〈스퀴티아 사람들처럼 거친〉(II, iii, 35) "스퀴토타우리아 사람들처럼 비호의적인" 〈크레타 사람들처럼 거짓말 잘하는〉(I, ii, 29) 〈파르트아 사람들처럼 잘 도망치는〉(I, i, 5) "희랍 사람들처럼 허영심 많은" 〈트라키아 사람들처럼 술 많이 마시는〉(II, iii, 17) 〈테살리아 사람들처럼 신뢰할 수 없는〉(I, iii, 10) 〈카리아 사람들처럼 비열한〉(I, vi, 14) 〈쉬바리테스 사람들처럼 오만한〉(II, ii, 65) 〈밀레토스 사람들처럼 유약한〉(I, iv, 74) "아랍 사람들처럼 부유한" "피그미 사람들처럼 작은" 〈아르카디아 사람들처럼 어리석은"(II, iii, 27)

직업으로부터

직업으로부터 생겨난 말이 있다. "뚜쟁이처럼 거짓 맹세를 잘하는" "남창처럼 여린" "군인처럼 허풍이 심한" "아레오파고스처럼 준엄한" "독재자처럼 잔혹한" "망나니처럼 무자비한"

14. 격언을 조심스럽게 소개할 필요에 관하여

다음에 언급할 말은 사실 사소하며 어쩌면 언급하지 않을 수도 있었다. 그러나 내가 선생의 역할을 자처하였으므로 아직 경험이 부족한 사람들을 위해 다음과 같은 경고를 남기지 않을 수 없다. 격언을 사용하는 데 있어 우리는 퀸틸리아누스가 남긴 말을 기억해야만 한다. 새롭게 만들어진 문구나 과감한 비유를 사용하는 경우에, 희랍인들이 아주 적절히 표현한 바와 같이 과도하게 사용하였다는 인상을 남기지 않도록 먼저 변죽을 울려야 한다. 우리는 퀸틸리아누스의 이 말을 격언의 사용에도 적용하여, 모호하게 보이는 격언이나 어긋나게 보이는 격언을 사용하기 전에 미리 변죽을 울려야 한다. 왜냐하면, 내가 곧 지적하거니와 다음과 같은 문구들은 종종 지나치게 대담한 비유나, 단어의 무리한 혁신이나, 염치없는 과장이나, 수수께끼 같은 비유를 사용할 수 있도록 돕는다.

예를 들어 격언을 언급하기 전에 "격언에 이르길" "격언에 전하는바" "옛말에 가르치길" "격언으로 풀어 말하자면" "이를 재치 있게 말하자면" 같은 말들을 앞서 집어넣어야 한다. 이와 유사한 말들이 라티움 어에도 많이 전해진다. "사람들이 주장하는바 aiunt" "사람들이 말하는 것처럼 ut aiunt" "옛말에 전하는바 ut est in veteri proverbio" "사람들에게서 닳고 닳은 말로 하자면 iuxta vulgo tritum sermonem" "사람들이 흔히 말하는 방식대로 quemadmodum vulgo dici consuevit" "옛말을 가져다 쓴다면 ut vetus verbum usurpem" "격언으로 표현하면 ut adagio dictum est" "사람들이 말하는바 vere hoc dicunt."